图书馆精选文丛

中国近百年史话

曹聚仁 著

图书在版编目（CIP）数据

中国近百年史话／曹聚仁著 . —北京：生活·读书·新知三联书店，
2021.1（2021.11 重印）
（图书馆精选文丛）
ISBN 978 – 7 – 108 – 06998 – 6

Ⅰ . ①中…　Ⅱ . ①曹…　Ⅲ . ①中国历史 – 近代史 – 通俗读物
Ⅳ . ① K250.9

中国版本图书馆 CIP 数据核字（2020）第 219546 号

责任编辑　郑　勇　唐明星
装帧设计　刘　洋
责任印制　董　欢
出版发行　**生活·讀書·新知** 三联书店
　　　　　（北京市东城区美术馆东街 22 号 100010）
网　　址　www.sdxjpc.com
经　　销　新华书店
印　　刷　河北松源印刷有限公司
版　　次　2021 年 1 月北京第 1 版
　　　　　2021 年 11 月北京第 2 次印刷
开　　本　880 毫米 × 1230 毫米　1/32　印张 3.75
字　　数　55 千字
印　　数　6,001 – 9,000 册
定　　价　19.00 元
（印装查询：01064002715；邮购查询：01084010542）

写
在
前
面

　　《中国近百年史话》是曹聚仁先生（1900—1972）写的一本小册子，拟想读者是历史专业研究者之外的普通大众。

　　这本《史话》，托始于 19 世纪中叶，其时正当李鸿章所说的"三千年未有之变局"，也就是我们一般所说的中国近代史开端；收尾至抗战军兴。也可换一种描述，说它纵贯晚清和民国。就本书结构而言，首章"前词"是总论概述性质，接下来的 21 节则依时间顺序写来，各节大致以人物为经线，以事件为纬线。所拈出的重要历史人物包括李鸿章、康有为、梁启超、孙中山、章太炎、袁世凯等，重要历史事件则包括甲午海战、洋务运动、戊戌变法、辛亥革命、二次革命、五四运动等。

　　在五六万字的短小篇幅里，却包容了近百年间的这些重要历史人物和重大历史事件，不难想见其粗线条勾勒历史的面貌，亦可见其速成读本性质。

作为一本近代史扫盲性质的历史读物，《史话》的文字风格平易晓畅、简洁而生动，没有教科书式的枯燥和刻板。史料之外，又征引了不少感性的文学材料，如黄遵宪、梁启超的诗文和《新青年》上的言论，以文入史，文史互证，有别于一般史家著述。

整体来看，《史话》深入浅出，又挥洒自如，称得上是"大师小作"。"小作"在这里不仅指篇幅，更主要的是强调其行文落笔较为通俗。今天读来，依然觉得它既是名家名著，又不失为入门之书，可为学子自我修养训练的基础读物。这也是我们把它列入文库推出的原因。

本书作者曹聚仁，字挺岫，浙江浦江人。中国现代作家、学者、记者。浙江第一师范学校毕业。1921年到上海教书，后任上海大学、暨南大学、复旦大学等校教授，并从事写作，以散文创作立足文坛。30年代初主编《涛声》、《芒种》等刊物。1937年抗战开始，从书斋走向战场，任中央通讯社战地特派记者，曾采访淞沪战役、台儿庄战役及东南各战区，并主持《正气日报》编务。抗战胜利后回上海，在大学任教，同时从事新闻工作。1950 年到香港，为多家报刊撰写专栏文章，参与主办《循环日报》、《正午报》。1956 年后，曾数次回大陆采访，致力于祖国统一大业。1972 年 7 月病逝于澳门。一生著述逾四千万言，生前出版成书七十多种。我店近年来首次系统整理、推出"曹聚仁作品系列"，已经刊行和即将刊行的计约三十种。

《中国近百年史话》曾由香港三联书店于 2003 年出版过繁体字版。此次为大陆第一次刊行其简体字版。

生活·讀書·新知 三联书店编辑部

2008 年 10 月

前词——十九世纪之中国

　　写上一个该用百万字来铺叙的大题目，想把它压缩在顶小的篇幅里，不知从什么地方写起才好。刚巧有一位牧师在谈中国的土布，也就先说这个话题。十七世纪以前，由中国输往欧美的土产，茶叶、瓷器以外，第三样便是土布；（大黄还在其次。）到了十八世纪，蒸汽机，轧棉机，纺织机一登场，情势完全改变了，土布既没有输出的机会，洋布却涌进中国市场来了。那位牧师写道："火柴从外来，洋油及洋油所带来的各种，代替了中国工业的大部分，对社会有极大的影响。欧洲人读了轮船公司的报告，说棉纱怎样在中国畅销，此种商业，从广东到牛庄，前途极可乐观。但是没有人想到或读到，棉纱在中国畅销的后果，怎样影响到中国产棉地区千万人的生计。这些农民，以前靠着纺织十五寸宽的土布来谋最低限度的生活，一尺布约须费两天的劳力，（从棉——纱——布的总劳力。）向市场卖出这些布，再买进一家最低限度的生活必需品；余则再买些棉花回来继续纺织。现在呢，外国的棉纱，有了可乐观的前途，中国的土布便完全失掉了它们的市场；这情势到如今越来越紧迫了。手工的纺织工作，既无利可图，又没有别的生产可以代替。(叫他们怎么活下去呢？)"因此，他指出中国民众的心理反应，说："许多'文明人'逐渐地进攻中国的内地，中国的无数受祸者，自己不明白受灾害的原因，好像日本农民被地震所造成的，海水或海岸沉落所激起的潮水所淹没一样。其中，也有许多人想到：在外国商业未进来扰乱旧秩序以前，一般的年头是够吃够穿的；现在什么都没有了，觉得前途一天一天地黯淡可怕；这样的经验，刺激了他们，使他们由愤激而行动，我们能怪中国人对'新秩序'表示极度的不满意么？"罗素在中国问题中也指出了这一点：欧洲人的角逐，由非洲而亚洲，由近东而远东，到了远东，情势便已不同了。东方人逐渐与西方政治思想接触以后，便产生了民族主义的运动；这一运动，也正是法国大革命以后，十九世纪前半期弥漫于欧洲各国的政治运动，东方人立刻追随欧洲人之后，成为激进的门徒了！

马克思于太平军向南京进发之际，曾大胆地断定：中国革命，将把火星抛到现代工业制度底那装满着炸药的地雷上，并引起早已成熟了的总危机底爆发。"他在百年前，做这样的推断或许还嫌稍早；但到了十九世纪后期，中国的每一次政治运动，都带着民族自觉运动的成分，那倒是十分真实的。"洋人"在中国的迈步，恰好碰在民族主义的铁丝网上。前年在上海有过一度如火如荼的胜利游行，行列中夹着色彩鲜艳的秧歌队，头上包着一块红色方巾，一队接着一队，几乎把上海变成了"火焰之海"。一位亲身经历过义和团的老年欧洲人，他对我说："当年的义和团，也就是这么一个样儿。"我便和他说："义和团也是民族求生存的自觉运动！所不同者，那时是'半自觉'，行动散漫而幼稚！现在是完全觉悟了，这是有组织的行列。"他也点头承认我的说法不错。

　　一八四八年，在欧洲那是民族主义与民主政治，最富理想意味，最能激起群众反应的时期，却又是著名的《共产党宣言》出现之年。因此，中国的一切社会运动，除了浓厚的民治色彩，激越的民族自决，必定带上社会主义的色彩。太平天国已经在那儿行"天朝田亩制度"，无政府主义也流行了一时，谭嗣同、康有为在那儿著《大同书》，孙中山也把民族、民权配上民生主义，鼎立而为三。西方的每一波澜，在东方同样地获得了迅速的反应；十九世纪的中国，才使我们体味到，中国已成为世界性之中国了。

不过，我不妨再引卜吉林（Keplin）的那句诗："东方自东方，西方自西方。"天下虽说是一家，东方的还是东方的；太平天国挂的是耶稣教的招牌，他们的天国、天父、天兄以及一切论调，还是东方的；曾国藩、李鸿章提倡洋务；他们所着眼的，乃是把西方的坚甲利兵来配我们的孔孟礼教，骨子里更是东方的。康有为、梁启超，提倡立宪政治，捧出孔孟，和公羊的微言大义来做挡箭牌，托古以改制。孙中山要算带西方的气息最浓重的，结果还是要捧出东方的礼运大同篇来，托孔子来张民生主义的革命胆子。倒是那位坐镇武汉的两湖总督张之洞，一语道破："中学为体，西学为用。"十九世纪，朝野人士所打的斤斗，打来打去，还脱不了这八个大字的圈子。

东方的国家，最西方化的莫如日本；可是一位最东方化的英国人小泉八云，（他在日本讲学，娶日女为妻，在日本成家，归附了日本。）他依然说，日本的工业化，也还是东方的。经过了一个世纪的，对西方文化激烈反应之后，新的日本上场了，新的中国也上场了；到了十九世纪末年，新的印度也已在孕育中了。

目　录

一 叛徒

这一本史话，托始于十九世纪中叶，那时正当李鸿章所说的"三千年未有之变局"。

相传胡林翼和部下巡视安庆太平军形势，骑在马上，洋洋自得，觉得太平军不堪一击，安庆指日可以收复了。这时候，忽见长江江面，一艘轮船呜呜驶过，他忽而一阵昏迷从马上跌了下来。部属把他救护回营，亲信进候起居，他慨然道："太平军不足平，不成问题；倒是江面上的轮船，来日大难，不是我们所及料的了。"这是代表湘军（楚军淮军）这些首脑人物的觉悟。这就开始了十九世纪的洋务运动。

一边是洋务派，主张"中国欲自强，则莫如学习外国利器，欲学习外国利器，则莫如觅制器之器，师其法而不必尽用其人"。一边是卫道派，认为"立国之道，尚礼义不尚权谋；根本之图在人心，不在技艺"。这就展开最激烈的斗争。当时，郭嵩焘公使，力主学习欧西物质文明；他从英国回国，一班卫道君子，口诛笔伐，逼得他无路可走，因此不敢进京面圣，溜着躲回湖南去。他亲见曾纪泽坐小轮船奔丧到长沙；长沙官绅大哗，数年不息。他们骂郭嵩焘是汉奸，"有二心于英国"，湖南的大学者，如王闿运之流，说"湖南人至耻与为伍"。还写了一副对子嘲弄他："出乎其类，拔乎其萃，不容于尧舜之世。未能事人，焉能事鬼，何必去父母之邦！"（后来拳变事起，郎中左绍佐曾奏请戮郭嵩焘之尸以谢天下呢！）

《老残游记》的作者，刘鹗，在当时也曾成为思想的叛徒。他在小说中描写那时所谓公论："看看一只大船快沉了，那三人将自己的罗盘及记限仪器等取出呈上，舵工看见，到也和气；那知那等水手里面，忽然起了咆哮，说道：'船主，船主，千万不可为人所惑！他们用的是外国罗盘，一定是洋鬼子差遣来的汉奸，他们是天主教。'三人垂泪，连忙回了小船。那知大船上人，余怒未息，看三人下了小船，忙用被浪打碎的断桩破板打下船去，……顷刻之间，将那渔船打得粉碎，看着沉下海去了！"这正是旧势力压迫新势力的缩写呢！

可是，时势迫人，刚毅、王闿运、叶德辉那一群人心目中的叛徒，先后辈出，如有星宿下凡，只好付之气数的了。那时，有两个福建人，严复（几道）和林纾（琴南），他们两人，都能做桐城派的古文，（出桐城吴汝纶之门。）而且做得很好。严几道从英国留学回国，（他本来也是学海军的。）便用桐城古文笔法翻译了赫胥黎的《天演论》，亚当·斯密的《原富》、斯宾塞的《群学肄言》；这三部书，可真是大逆不道。天演论说的是达尔文的进化论的道理，说人从猴子进化而来，并不一定是万物之灵。《原富》把孔夫子所说"长国家而务财用者必是小人矣"的道理翻了过来，把孜孜为利当作圣人之大道。《群学肄言》，说甲地以为是的，乙地却正以为非；这个国也不见得比那个国好；中国并没有什么可以自夸的地方。（针对着那时的自大狂。）他的老师吴汝纶还替这种学说做保镖，写了序文赞美他们。林琴南，他是不懂洋文的，却翻译多种欧美的小说。那一部使他成名的《茶花女遗事》，就是一部以一个妓女的唯美主义为中心的小说。又如《迦因小传》那个主角，迦因，她还生了一个私生子来收场。新的剑就从旧的剑鞘里跃出；这两个福建人，才真正是叛逆之徒。

　　福建的南边，那一个滨海的广东省，也产生了两个叛逆之徒：康有为（南海）和孙文（中山）。康南海写了一些怪书，《新学伪经考》、《孔子改制考》，大闹乾坤，在孔庙里翻斤斗。还写了一部《大同书》，通三统，张三世，搬出阴阳怪气的公羊家，扯出变法维新的旗帜。这是一部无政府主义的书，装在儒家的外衣里，他们的百日维新，就替三千年的君主政治敲起丧钟来了。孙中山是在君主政治的棺木上敲上钉子的。那时候，大家把他当作红眉毛绿眼睛的反寇看待，写起他的名字来，要把"文"字加上三点，写成"汶"字，才算"一字之贬，严于斧钺"。孙氏生于农家，所受名教的影响较轻，不像康南海那样开口"圣人"，闭口"圣人"，要继承道统，才敢毅然举起反叛的火把来。这火把上，有两个大字——"革命"。

　　"时势造英雄"，这是产生叛逆的世代！

二　闯头关

从谈洋务，讲坚甲利兵，到甲午中日之战，中间过了三十年；从甲午之战到卢沟桥的事变，中间又是三十年；三十年为一世，时代的轮子，一年迅转一年，国际的局势，一年紧迫一年。李鸿章，他说碰上了"三千年来未有之变局"，哪知，后浪逐前浪，我们碰到的变动，比他还大得多。抚今思昔，不觉出了一身冷汗；由现在想到将来，又不觉出了一身冷汗。

甲午那年（光绪二十年，一八九四。）夏天，一班大名士在北京叫喊着"挞伐倭奴"，翁大先生做群龙之首，把"迎头痛击"的上谕请了出来。不料风势反常，迎头在痛击的，倒反被倭奴击了去。十二月二十四日下午，北京尘沙遮天，失守平壤。鸭绿江的卫汝贤，坐了一顶无顶的轿车，拥到菜市口的街心，下跪在一家干菜铺的门口，演大团圆的喜剧；钢刀一亮，人头就落地了，把一班大名士就吓得噤口无声了。

甲午以前，李鸿章一手所经营的北洋海陆军，声势非常浩大；哪知一旦交战，谈笑间灰飞烟灭，正是一本悲喜剧。那年四月间，北洋海军曾举行大检阅；李鸿章身为统帅，亲自校阅，仪典非常隆重；检阅以后，李氏奏报阅兵情形，对于海军非常赞美。哪知赞美的话犹在耳，日本人的考绩，已跟了上来了，"全军覆没。"——从检阅盛典到威海卫燔师，其间不过五六个月呢！

当北洋海军大检阅时，日人东卿平八郎，曾参观中国兵舰，认定中国海军并不中用；他说："兵凶，战危，中国的士兵，把洗了的衣服，晒在大炮身上，那简直不知道战争的严肃，士无斗志，必败无疑！"他的话，便不幸而言中了。说穿来，这位海陆军统帅李鸿章心里非常明白；当时，户部尚书阎铭敬千方百计，省了一点钱，替海军衙门预备购舰装炮之用；慈禧太后，要造颐和园，就把这笔钱玩光了。战事发生前两年，德人汉纳根曾建议购买多量克鲁伯厂所造的大开花弹，供战斗舰大炮之用，李氏已经答应了，可是事实并没有买。等到战事爆发，两只战斗舰，只有三两颗大口径的开花弹，眼见给敌人打沉了！

甲午的六月二十日，日领事小村寿太郎送来：
"今后倘生不测之变，我政府不负其责"的最后通牒，
中日战争便开始了。敌人是今天送了通牒，立即动了
手的；我们的主帅李鸿章，（心里一直不愿意开战，
他知道这一仗没有打胜的把握。）还在犹疑徘徊之中，
六月二十一日，才开始运兵前往牙山。电报生受了敌
人的贿赂，泄露了运期，所运的兵，就在广岛被日兵
迎头截击；战局一开，便把幕幕趣剧上演了。那只济
远舰善于逃，又善于挂白旗，逃到了旅顺，造了一个
谎，说是打了胜仗。成欢一战，叶志超也是"溜之乎
也"，造谎报捷，居然得了二万两的赏银。在朝鲜的
王师，从牙山退到了平壤，沿途夺财物，役壮丁，淫
妇女，一应官兵的典型动作完全使用出来。平壤之
役，花样更多：起先是置酒高会，行若无事；后来盛
军打毅军，自己打自己，敌人一来，又是鸟飞兽走，
一口气逃过了鸭绿江，接连把九连城、凤凰城、岫严
州、金州、大连等城，双手奉送，敌兵居然进山海关
来了。

海战方面，又表演另一种奇迹。八月黄海之战，
敌舰已经到了眼前，才发现自己舰队排列的错误。英
顾问泰莱要设法赶紧补救，舰长刘步蟾连命令都不会

发，响了第一炮，就把自己的海军总司令丁汝昌从桥上震跌下来了；这就算是海军迎战的开幕礼。八月十六日傍晚，只经过一天的战斗，北洋海军便如苍茫落日，躲到威海卫去休息了。北洋海军，大团圆于威海卫，刘公岛失，丁汝昌自杀，余舰投降，战事闭幕，乃由北洋总帅李鸿章亲自到马关去订"乞和之盟"。从此，北洋海军也就成为历史上的名词。

甲午一战，把三十年坚甲利兵的大梦轰醒了。欧风美雨，正正式式闯入头关，把偌大的帝国渐次改造成为销纳资本主义国家制成品的尾闾了。当时，有一有心人，愤激之余，想编一部《东海传奇》，定下了一百个回目，只可惜有目无书。当时还有一位大诗人黄公度，亲与此役，有《五月十三夜江行望月》诗，句云：

"洒泪填东海，而今月一圆，江流仍此水，世界竟今年；横折山河影，谁攀间阖天，增城高赤嵌，应照血痕殷！"盖有感而作也。

三　诗人之泪

甲午之战，海陆军既全军覆没，士大夫阶级莫不悲愤欲绝；那股郁积的愤气，借当时一位大诗人黄公度的笔尖宣泄出来。黄遵宪（公度），广东嘉应州人；他眼见文官颟顸，武官怕死，把国事弄得一团糟，长歌当哭，写了许多诗篇。

平壤之役，中国陆军第一次出丑，左宝贵死难，叶志超、卫汝贵望风而溃，黄氏为赋《悲平壤》："南城早已悬降旗，三十六计莫如走。……一夕狂驰三百里，敌军便渡鸭绿水；一将拘囚一将诛，万五千人作降奴！"这一场活剧，把淮军的威风都扫尽了。接着东沟再战，海军又出尽大丑，黄氏为赋《东沟行》："红日西斜无还时，两军各唱铙歌归；从此华船匿不出，人言船坚不如疾，有器无人终委敌！"变徵之声，形容他们当时闻败气沮的情绪！

　　旅顺陷后，威海熸师，黄公度直气得跳起来，《哀旅顺》、《哭威海》那两首诗，一字一泪。他说："壮哉此地（旅顺）实天险，炮台屹立如虎关。下有深池列巨舰，长城万里此为堑。谓海可填山易撼，万鬼聚谋无此胆！"可奈"一朝瓦解成劫灰，闻道敌军蹈背来！"天险有什么用呢？威海卫也是天险之地，敌人拊背而来，炮台又入敌手；于是中国的兵舰，"坏者撞，伤者斗，破者沉，逃者走！"只落得"海漫漫，风浩浩，龙之旗，望杳杳！大小李，愁绝倒！巍然存，刘公岛！"利兵又有什么用呢？

　　威海卫海军既败，德顾问瑞乃尔劝丁汝昌沉船毁炮台，免为敌所用；丁汝昌也曾下过命令，诸将只怕投降不成，不肯沉船，以免取怒敌人。丁氏无可奈何，乃仰药自殉。这一战役，卫汝贵杀头，丁汝昌自杀，海陆两大帅，总算以死报国了。丁氏自己并不欲降敌，诸将顶着他的旗号出降，黄公度为赋《降将军歌》，其末段有句云："磷青月黑阴风吹，鬼伯催促不得迟，浓薰芙蓉倾深卮，前者阖棺后仰尸；两军雨泣咸惊疑，已降复死死为谁？可怜将军归国时，白幡飘飘舟旗垂！海波索索悲复悲！"对于死者付予深切同情。海军中一向门户之见甚深，习气又坏，丁氏本无力指挥，如此下场，实在可怜！

这一幕悲喜剧中，一位丑角吴大澂，表演得非常出色。甲午战事初起，时吴大澂正在做湖南巡抚；他爱好古玩，（有名的金石学家。）忽购得一颗汉印，上有"渡辽将军"字样，心中不觉大喜，以为立功辽东，万里封侯有望了。他慷慨请缨出关，到了前线，自以为声威远闻，可以吓退敌人，在营前挂了一块免死牌，叫敌人见了牌，自请免死。这块免死牌，和张佩纶的免战牌，同为中外大笑柄。

黄公度赋《渡辽将军歌》，上半段替他铺张扬厉，写得有声有色，说："闻鸡夜半投袂起，檄告东人我来矣！此行领取万户侯，岂谓区区不余畀！将军慷慨来渡辽，挥鞭跃马夸人豪；平时搜集得汉印，今作将军横在腰。……自从弭节驻鸡林，所部精兵皆百战。人言骨相应封侯，恨不遇时逢一战！雄关巍峨高插天，雪花如掌春风颠；岁朝大会召诸将，铜柱银烛围红毡。酒酣举白再行酒，拔刀亲割生豗肩。自言平生习枪法，炼目炼臂十五年；目光紫电闪不动，袒臂示客如铁坚。淮河将帅巾帼耳，萧娘吕姥殊可怜！看余上马快杀贼，左盘右辟谁当前！鸭绿之江碧蹄馆，坐令万里销风烟。坐中黄曾大手笔，为我勒碑铭燕然！"

这份口气多么大。接着以有趣而沉痛的口吻写道："么麼鼠子乃敢尔，是何鸡狗何虫豸！会逢天幸遽贪功，它它籍籍来赴死，能降免死跪此牌，敢抗颜行聊一试！待彼三战三北余，试我七纵七擒计！"哪知"两军相接战甫交，纷纷鸟散空营逃；弃冠脱剑无人惜，只幸腰间印未失！"银样蜡枪头的家伙，只好仍回湖南巡抚原任玩古董去了。"时出汉印三摩挲，忽忆辽东浪死歌，印兮印兮奈尔何！"这是他的暮境。士大夫阶级的爱国空谈，就由这位丑角上演一场了！

甲午战争的最后一幕是马关订约，割让台湾。黄氏为赋《马关记事》及《台湾行》："竟卖卢龙塞，非徒弃一州。瓜分倘乘微，更益后来忧！""弱肉供强食，人人虎口危！无边尽瓯脱，有地尽华离；争问三分鼎，横张十字旗，波兰与天竺，后患更谁知！"这是多么沉痛的话！

四 "李鸿章杂烩"

　　李鸿章，中国旧士大夫阶级的最后一个角色。他扮演一些什么呢？他是文人，他是武将，他是政治家，他是外交家，一身而万能备。欧美唐菜中，有所谓"李鸿章杂烩"者；鱼、肉、海味、素菜，杂和成为一大碗，（本该称之为素十景或荤十景的。）算作是中国的名菜；李鸿章也就是这样一个大人物。

　　当常胜军露锋芒之初，华尔曾劝李鸿章自己做皇帝；后来庚子拳变事起，也有洋人向他进言，自立为王，他都诚惶诚恐，不敢有此妄想。中国旧士大夫的观念中，梦周公而不敢梦文王，以"一人之下，万人之上"为最高愿望，李鸿章当然还不敢翻出如来佛的掌心的。其实，他那种杂烩式的头脑和才干，只有做英国式的皇帝最为适宜，或许比顺治康熙可以做得更好些。不做皇帝而做一人之下的宰相或总督之类，才非所用，倒反处处受牵制，不能行其志了。"马关谈和时，李氏对伊藤博文说：'贵大臣之所为，皆系本大臣之所愿为！然使易地而处，即知我之难言，有不可胜言者。'伊藤答道：'要使本大臣在贵国，恐不能服官也。'"

李鸿章，要算曾国藩幕府中培植出来的第一流人才，他在文章上，没有什么特殊表现，且不去说。可是他的武功，到了淮军，便达到了顶点。其后积极经营海军，可算是通达时务，无如所努力的在量不在质，船的吨位比日本大，速度却不能及人；船的艘数多，联络也不能及人；士卒的人数多，精神也不及人。甲午一战，全军覆没，他的努力，全无成绩。甲午战前，他估量了敌我的力量，不愿开战；但他对慈禧事事敷衍，已经宣战，用兵依然优柔寡断，铸成大错；显然没有临大敌的才干。在朝鲜最丢脸的，就是他亲手培植的淮军。即算淮军已经衰老了，可是他所推荐，在小站练出的新兵，未出茅庐又已腐化了！他既不是名将，也算不得是军事学家；曾国藩书生谈兵，还有那么一大截成就，他呢，永远还是一个书生！

欧美人士，很多推许李鸿章，说他是大外交家；

弱国不容易办外交，他却能忍辱负重；有人说他可以和俾斯麦比并。俾斯麦是著名的权谋家，也许在这一点，两人有些儿近似。不过俾斯麦办外交，有两个特点：（一）国家利害关头，决不放松。（二）他调拨别国的矛盾关系，决不为别人所调拨，永远争取了主动的地位。李鸿章办外交，自始至终，采取以夷制夷政策，（这也是一种权谋。）他把东北的权利让给俄国，以俄制日；哪知日俄战后，吃亏的还是中国；日本当局，明白表示，要将一切损失，取偿于中国。他又曾运用国际矛盾，用俄、法、德三国力量来制日，结果，德占胶州，俄租旅大，法租广州湾，反而招致了列强的分割。他的每次外交，想制人，反而被制于人，结果都不很好。他到俄国报聘那一回秘密外交，算是最轰轰烈烈的大事；（他自己以为办理天津教案，最为得意，其实他不明当时局势，法国遭逢外患，自救不暇，可以更强硬一点的。）那场外交，在欧美所引起的反感，后果也坏得很，说起外交家这个美名，他也居之有愧的。

他的政治生涯，非常长久，得君不可谓不专；但在政治上也没有什么大成就。他继承曾国藩的事业，用人处事，却不如曾氏之恢宏大度。他在北洋所用人物，不免专权纳贿，植党营私，同流合污；他们的新政，花样很多，也是"华而不实"，都是表面文章。他的政略，隐以迎合慈禧意旨为方针，逢君之恶，更失了大臣立朝的气度。他这顶政治家的帽子，也不十分合头寸的。李氏逝世那时期，梁启超曾为文评论，说他"知有兵事而不知有民政，知有外交而不知有内治，知有朝廷而不知有国民，知有洋务而不知有国务，以为吾中国之政教风俗，无一不优于他国，所不及者惟枪耳，炮耳，船耳，机器耳，吾但学此而洋务之能事毕矣"。这段话是很公允的！

　　无所不长，一无所长，"李鸿章杂烩"无疑是中国式的名菜；中国的士大夫阶级的人物，大抵如此，李鸿章要算是庸中佼佼，值得称道的了！到今天为止，所谓外交家，也还脱不了李鸿章的窠臼呢！

五　康有为登场

"穷则变，变则通"。每当时代的转角上，我们就记起这一句老话来。那时，旧的士大夫既已随"甲午"的残兵败甲而去，新的士大夫便随"甲午"的柳暗花明而来，天涯海角，便送来了一位维新大人物，康有为（南海）。他的登场，非常喧闹的，他的下场，也是非常喧闹的。

康有为原名祖诒，字广厦，又号长素。一八五八年（咸丰八年），生于广东南海县。他初讲学时，只是一个监生；监生讲学，大家嗤之以鼻。可是他的今文学说，却哄动了一时的视听，青年相率景从，梁启超辈都成了他的信徒。梁氏自言："余以少年科第，且于时流所推重之训诂词章学，颇有所知，辄沾沾自喜。先生（指康氏）乃以大海潮音，作狮子吼；取其所挟持数百年无用旧学，更端驳诘，悉举而摧陷廓清之。自辰入见，及戌始退，冷水浇背，当头一棒，一旦尽失其故垒，惘惘然不知所从事，且惊且喜，且怨且艾，且疑且惧，竟夕不能寐。明日再谒，请为学方针，乃教以陆王心学而并及史学西学之梗概。自是决然舍去旧学，自退出学海堂，而间日请业于南海之门。"这便是文艺复兴时期的黎明气氛了。

康氏生在那个和资本主义接触最早的广东，心知那个老局面，不能再支撑下去了。如何来打开这个新的局面呢？他想，还是依仗孔圣人的老招牌来做革新的运动吧！他说：孔圣人自己就是托古改制的，我们何妨用他的老法子；这样便吹吹打打把公羊家捧了出来，同时也把礼运大同篇捧了出来，于是有《新学伪经考》、《孔子改制考》、《大同书》那几种新的经典，把"据乱世"、"升平世"、"太平世"的张三世之说，说得天花乱坠。他的欧美科学政治经济知识，本来有限得很；他那些理论中，夹杂着无政府主义的见解，（无政府主义盛于十八世纪末、十九世纪初期。）中外古今，贯穿成一家言；就把看众视线吸引住了。

甲午既败，他就联合十八省举子公车上书，这是群众运动（士大夫群）的第一声。

康有为甲午年中了举人，乙未年成了进士，在那个"国难"时期，是一个领导时代的了不得的人物。诚如蒋廷黻所说的："孔子是旧中国的思想中心，抓住了孔子，思想之战就成功了；皇帝是旧中国的政治中心，所以康有为的实际政治工作是从抓住皇帝下手。"刚巧那位年轻的光绪皇帝，自登龙位，就碰了几次硬钉子，心神有些不宁。康有为那一吗啡针，说是："窃以今之为治，当以开创之势治天下，不当以守成之势治天下。"正合脾胃，大动圣听。光绪帝指奏中"求为长安布衣而不可得"、"不忍见煤山前事"那几句道："康某，何不顾生死乃尔？竟敢以此言陈于朕前！""嗣后康某如有条陈，当即日呈递，毋许扞格！"刘备碰着了孔明，如鱼得水，言听计从，乃有戊戌四月二十三日定国是的明诏。（戊戌春季的瓜分！更刺激了变法派和光绪帝。）

康氏的助手之中，如谭嗣同、梁启超、林旭、杨锐、刘光第，都是他的信徒；（一般人，也只是随声附和。）到处设学会，开报馆，吸收青年英俊分子，变法维新的空气，弥漫于全国，好像全国舆论，都倾向于这一改革大运动了。

新政中有几件大事，第一件："命自下科始，乡会试及生童岁科各试，向用四书文者改试策论。"这一件，断送了千千万万读书人的生路。他们灯下窗前，苦磨苦琢，向八股文里钻，一旦判了死刑，要重新来过，岂不是要他们的老命？第二件："下裁汰冗官令，命裁撤詹事府、通政司、光禄寺、鸿胪寺、太仆寺、大理寺等衙门，湖北、广东、云南三巡抚，并河漕两总督缺，其各省不办运务之粮道，向无盐场之监道，亦均裁撤。"这一件，打碎了京内京外大大小小千百只饭碗。要知破人衣食，杀人父母，戴天不共之大仇，非拼个你死我活不可。新政一行，新士大夫阶级和旧士大夫阶级，便造成对垒的形势了。

康有为依靠光绪帝，自以为棋局布得很好。谁知旧士大夫阶级的棋局，比他布得更好。他们依靠慈禧太后，变法诏既下，那些打碎了饭碗的，向慈禧太后哭诉，说："皇帝大背祖宗制度。"慈禧太后笑而不言。那位刁狡古怪的老太婆，把这位狂悖躁急的新进，一拳头就打得天昏地暗了。

六 新旧士大夫斗法

戊戌新政既行，其中有一条，就是改寺观为学校；当时，北京城内，就有一个卖菜的老头子，歇着担在街头，挥手攘臂，破口大骂，道："寺观庙宇，从古就有了，怎么可以废掉的！难道可以废掉的吗？"这也正是当时士大夫的共同心理，旧官僚反对新政，说是"非祖宗制度"；士大夫反对新政，说是"非圣无法"；只要是改革，即卖菜老头子，也掮出传统的招牌来，所以，康梁新政，就非失败不可了。

康有为在广州讲学时，理学大师朱一新（浙江金华人）已反对他的今文学主张，以为要影响世道人心的。他说："夫人心何厌之有？六经更二千年，忽以古文为不足信，更历千百年，又何能必今文之可信耶？窃恐诋评古人不已，进而疑经，疑经不已，进而疑圣；至于疑圣，则其效可睹矣！"（他的这些话，倒像预言一样，到后来都一一应验了。）当时，今文学家的主张，虽耸一时之听闻，却和理学家根本不相容；理学正统派，也成为反对新政的一部势力。

新政前期，梁启超在湖南办时务学堂，声势非常浩大；那些卫道先生如王先谦、叶德辉辈，群起而攻之。叶德辉做《翼教丛编》，专攻击康有为道："宁可以魏忠贤配享孔庙，使奸人知特豚之足贵；断不可以康有为扰乱时政，使四境闻鸡犬之不安；其言即有可采，其人必不可用。"又说："康有为其貌则孔，其心则夷"，口口声声"夷夏之分，正邪之辨"，这是旧士大夫的共同理论。在野的旧士大夫，对于变法做理论上的攻讦；在朝的旧士大夫，即进行实力上的排挤运动，这一群官僚以慈禧为势力中心，挑拨光绪与慈禧间的母子感情，说："新政既行，将去母后。"说："新政既行，汉人排满。"慈禧乃以裕禄主持军机处，牵制新政的施行，并决定废立大计。八月六日，下太后垂帘训政之诏，光绪帝碰了硬钉子，忧郁以去，新政即告终结了。

戊戌七月间，杨锐、刘光第、林旭、谭嗣同奉光绪帝命在军机章京上行走，操握了行政大权，凡有奏折，皆经四人阅览，凡有上谕，皆经四人属草；光绪帝只看些重要章奏，其余都由这四人裁夺；其他军机大臣，等于虚位。这是维新士大夫得道行其志的顶点。可是他们握权不到十天，有名的政变便到来了。当时，帝后不睦，外间已有谋废立的风传，慈禧与荣禄密谋，讽御史李盛铎奏请帝奉太后往天津阅兵，乘机以兵胁行废立。其时，光绪也自知地位危险，并诏四人，透露这一危机。他们一时忙中无计，便想罗致袁世凯来制服荣禄，并以制服西太后。（据梁氏《林旭传》，说林氏当时不赞成这一办法。）结果却反为袁氏所卖呢！

八月初六日，黎明，上诣宫门请安，太后已由间道入西直门，车驾仓皇而返，太后直抵上寝宫，尽搜章疏攫之去，召上怒诘曰："我抚养汝二十余年，乃听小人之言谋我乎？"上战栗不发一语，良久嗫嚅曰："我无此意。"太后唾之曰："痴儿，今后无我，明日安有汝乎？"遂传懿旨以上病不能理万岁为词，临朝训政。这场政变，就此上演了。那天，张荫桓、徐致靖、杨深秀、杨锐、林旭、刘光第、谭嗣同及康弟广仁，一齐被拘下狱。张、徐二人一戍边，一永禁；其余六人，不久便都被杀了。康有为、梁启超二人仅以身免。中国旧士大夫阶级，都是千年狐狸，九炼成

精，你看他嬉皮笑脸，和气得很，落在他的手中，毛
骨无存。康有为的改革运动，表面上活动很厉害，实
在是没有根的。他的政治生命，只有这百天的变法，
从此以后，只留了一根辫子，做他的政治生命的特
征。他的记忆力很强，口辩很利捷，作诗写字，都有
气魄，可是没有什么大成就。这又是中国士大夫的典
型。他有《湖心亭望湖》诗句："山边射虎看人猛，
湖上骑驴觑我生！"新时代的《翼教丛编》，早不在那
里攻讦康有为了！

七　西医孙中山

　　中华民族，这位老太爷，就因积痞太多，沉疴难治，那位中西合璧的走方郎中康圣人，想进一剂轻泻剂，替他清一清肠胃；无奈府中三姑六婆太多，只怕丢了饭碗，包围着这位老太爷，叫他非依旧吃香灰仙丹不可。这剂轻泻药，只吃了一帖，便丢向窗外去了。香灰仙丹，毕竟是吃不得的；老病人气喘肚胀，朝不保夕。腹中积痞愈多，其势非开刀不可。这时，天涯海角，远远的又来了一位西医，孙中山。

　　孙中山和康圣人是不同的，他们的家世不同，他们的意识不同。康圣人，他的先世以理学传家，幼年所受儒家教育，偏于玄想空谈，所以有那种带无政府的气息的《大同书》，他依旧认定士大夫阶级是中国社会的中坚，想在士大夫的基础上造维新的宫殿。无如士大夫是"游离分子"，正如一片沙滩，造不成什么建筑。戊戌政变，即是此路不通的明证。孙中山世世业农，幼年助理耕作，闻乡人谈洪杨故事，即以洪秀全第二自任。中国农民群，汪汪大海，其平静时，渝涟微波，一望无垠，一旦狂飙怒起，黑波掀天，又成为最不可侮的力量。农民虽不一定不安分，但不讳言"造反"，所以孙中山敢于立志革命。

光绪十一年（一八八五年）孙中山倡言革命，那正是中法战争失败那年。他在檀香山、在广州、在香港所受的，都是西方教育；西方物质文明及政治改革的刺激，对于他是直接的。他所研究的医学，如开刀、剖肚、洗肠、打针，在欧西是切切实实的，在中国却不免骇人听闻。他替中华民族诊断的结果，也以为非开刀不可。第一刀要割去那段盲肠——皇帝，免得残余器官发炎作怪。第二刀要洗清肠胃积痞，官僚主义，免得上下阻隔，无法滋补。从光绪十一年到辛亥革命，这二十多年间，他做割盲肠的工作，大体已告成功。从辛亥革命到民国十四年，他做洗涤积痞工作，事业未半，而他自己的肝脏炎发，在北京协和医院去世了。

甲午那年，这位孙"郎中"，就开出第一张方子，交给账房李鸿章；李账房把头一抬，理也不理。民国元年，孙"郎中"开出第二张方子，那方子上说"二十年内修筑二十万里铁路"，袁老板笑了一笑。那些伙计们就嘲笑这位郎中"开大炮"。一九一九年，他又在上海开出一张方子，孙文学说和建国方略，直到一九二四年，中华老太爷，才进服第一帖西药。每当孙郎中开出药方的时候，老病人的家人，无不瞠目结舌，以为药性太猛，老年人吃不得。过后一看，才明白非吃那猛药不可，可是老太爷的病情又加重了！

孙中山，大概如一般人所说的，是"革命之父"了；关于他和他们的革命，已经写了好多好多的书。他自己最后写了两句话："革命尚未成功，同志仍须努力。"但是，鲁迅却在阿 Q 正传描出最真实的面孔：

"革命也好吧！"阿 Q 想："革这伙妈妈的命，太可恶，太可恨，便是我，也要投降革命党了。"

"革命了！你知道？"阿 Q 说得很含糊。

"革命革命，革过一革的，……你们要革得我们怎么样了呢？"老尼姑两眼通红的说。

"什么？"阿 Q 诧异了。

"你不知道，他们已经来革过了！"

"谁？"阿 Q 更其诧异了。

"那秀才和假洋鬼子!"

"那还是上午的事。赵秀才消息快,一知道革命党已在夜间进城,便将辫子盘在顶上,一早去拜访那历来也不相能的假洋鬼子。这是'咸与维新'的时候了,所以他们便谈得很投机,立刻成了情投意合的同志,也相约去革命了。"

我们中国,是给"将辫子盘在顶上"式的革命,革了三四十年了,每一个老百姓都在问:"你们要革得我们怎样了呢?"

八　时代骄子梁启超

慈禧痛恶新政，一切都向牛角尖去钻；戊戌政变的余波所及，凡属报馆皆在封禁之列。有些贤明父母，把禁看报纸，列为家训之一，悬之座右以远尤悔。不过，世事常是十分矛盾的；有禁看报纸的父母，即有偷看报纸的儿女，戊戌以后的梁启超，却成为时代骄子，坐上无冕之王的宝座了。

梁启超流亡在日本，先后办了三种报纸；最初办《清议报》（戊戌十月至辛丑），接着《新民丛报》（壬寅以后），后来又办《国风报》，风靡一时，最得读者欢迎。他初办《清议报》时，态度非常激进。其时政友谭嗣同初遭横祸，忿火在胸中燃烧；所以他说："凡所谓十九世纪之雄国，当其新旧相角，官民相争之际，无不杀人如麻，流血成河；仁人志士，前仆后起，赴汤蹈火者，项背相望。……始则阴云妖雾，惨

黯蔽野；继则疾风暴雨，相搏相斩中，终乃天日忽
开，赫曦在空。世之浅见者，徒艳羡其后此文物之增
进，而不知其前此抛几多血泪，掷几多头颅以易之
也。"他赞成流血，赞成以牺牲求进步，思想可说十
分激进。可是他并不能这样趋于极端，他看清中国士
大夫阶级的中庸心理，知道非有过分的刺激，即有温
和的主张，也难得士大夫阶级的同情。他的流血的激
烈主张，即是推进他的君主立宪论的一种手段。他
说："某以为业报馆者，既认定一目的，则以具极端
之议论出之，彼有稍偏稍激焉而不为病，何也？人之
安于所习而骇于所罕闻，性也。故必受其所骇者，而
使其习焉，然后智力乃可以渐进；如领导民以变法
也，则不可不骇之以民权；领导民以民权也，则不可
不骇之以革命。大抵所骇者过两级，然后所习者乃适
得其宜。"其本意如此。

《饮冰室文集》第一次辑集付印时，梁氏自序曰：
"今日天下大局，日接日急，如转巨石于危崖，变异
之速，匪翼可喻。今日一年之变，率视前此一世纪，
犹或过之。"时代潮流的汹涌激荡，他是看得非常明
白的。但他自己老是跟在潮流的后面，既不冲锋，亦
不落伍，一生就是如此。

梁启超曾有诗题其女令娴艺蘅馆日记，句云："吾学病爱博，是用浅且芜；尤病在无恒，有获旋失诸；百凡可效我，此二无我如！"这首诗，倒说到梁氏自己的病痛。

十九世纪末期，二十世纪初期，梁氏的确是中国思想界影响最大的一人。梁氏又曾于《清代学术概论》叙述其在言论界的工作，并坦白批判自己的缺点。他流亡在日本，专以宣传为业，为《新民丛报》、《新小说》诸杂志，畅其旨义，国人竞喜读之，清廷虽严禁，不能遏，二十年来学子之思想，颇受其影响。他素不喜桐城派古文，至是自解放，务为平易畅达，时杂以俚语韵语及外国语法，纵笔所至不检束；学者竞效之，号新文体；老辈则痛恨，诋为野狐禅；然其文条理明晰，笔锋常带情感，对于读者，别有一种魔力。

他自称"其保守性与进取性常交战于胸中，随感情而发，所执往往前后相矛盾，不惜以今日之我，难昔日之我"，这是他精神上的弱点。他和康有为最相反之一点，有为太有成见，梁氏太无成见，其应事也有然，其治学也亦有然。梁氏常自觉其学未成，且忧其不成，且以太无成见之故，往往徇物而夺其所守。

彼尝言："我读到性本善，则教人以人之初而已，殊不思性相近以下尚未读通，恐并人之初一句亦不能解以此教人，安见其不为误人。"他是新思想界中的陈涉、吴广，其破坏力确不小，而建设则未有闻。粗率浅薄，的确是他的缺点呢！严几道曾批评他："梁氏于道徒见一偏，而出言甚易，敢为非常可喜之论，而不知其种祸无穷。"有人说他是陆仲安一辈的中医，只想给病人补元气，吃了黄芪党参汤，每每和青年激进派伴走了一段，又不再向前去，终于半途分离了！

庚子正月，慈禧的爪牙，看见《清议报》风动全国，惶惶不自安，下令命南洋闽浙广东各督抚，悬赏十万两，一体缉拿；凡购读康梁所著之书报杂志者，一律严拿惩办，终究"懿"令无效，还替梁氏作了反宣传，增加了更多的读者。时隔不久，主张革命的激进派的机关报《民报》出版，和《新民丛报》相对垒，一刀一枪，十分热闹，梁氏的权威，反而下降了！

九　北拳南革

　　光绪末年，正如沉闷烦躁的梅雨天，满天空都是阴云，电光东西交闪，大家在期待着一阵暴风雨的到来。中年人只怕风狂雨骤，飞沙走石，拔木毁屋；希望两边雨脚，都慢慢地落下来才好。《老残游记》作者刘铁云，知道北拳南革，势之所趋，无可避免。但他怕北拳的"拳头"，一拳打得不好，把国家的运命，都断送掉。他又怕南革的"革"，浑身溃烂起来，也会送了性命。他自己是"老新党"，受了一些欧西知识，知道"只是一拳容易过的"，"惟此革字，上应卦爻，不可小觑了他。"他演说周易革卦的道理，"兑，水，阴，德，从愤懑嫉妒上起的，所以成了个革象。"你看象辞上说道："泽火兑，二女同居，其志不相得。你想人家有一妻一妾，互相嫉妒，这个人家还会好吗？初起，总想独据一个丈夫，及至不行，则破败主义，就出来了。因爱丈夫而争，既争之后，就损伤丈夫也不顾了。再争则断送自己性命，也不顾了。这叫作妒妇之性质。"这话，暗中讽刺"南革"的窝里反，将如太平天国的争权夺利，自己杀自己，闹得一团糟。他又说："一谈了革命，就可以不受天理国法人情的拘束，岂不太痛快呢！可知太痛快了，不是好事；吃得痛快，伤食；饮得痛快，病酒；今者不管天理，不畏国法，不近人情，放肆做去，这种痛快，不有人灾，必有鬼祸，能得长久吗？"这种惴惴惶惶的心理，拳既不可，革又不可，希望风调雨顺的中年人，对着黑云，干着急呢！

维新志士之中，有一位殉难的谭嗣同，他也是当时士大夫的代表人物；他殉难时，只有三十三岁。他作《仁学》，说："古而可好，则何必为今之人哉？""天地间无所谓恶，恶者名耳，非实也。俗儒以天理为善，人欲为恶，不知无人欲，安得有天理。"他慨然道："吾华人慎毋言华盛顿、拿破仑矣，志士仁人，求为陈涉、杨玄感，以供圣人之驱除，死无恨焉。若机无可乘，则莫若为任侠，（暗杀）亦足以伸民气倡勇敢之风。"他的话，正是革命志士的话，时代风尚，也经这么大变了呢！

果然，狂风暴雨，先从北边下来了：那股从山东转到北京来的义和拳，中人如魔如醉；上自西太后，下至屠夫走卒，都相信练拳念咒，可以打退洋兵；八国洋兵，已经从塘沽上陆，大家还相信"洪钧老祖已命五龙守大沽，夷兵当尽灭"、"得关圣帝书，言夷当自灭"，杀机一开，"洋鬼子"、"二毛子"、"三毛子"都成为群众的出气的对象，打、杀、烧，无所不至。当时，有一位卫道大学士徐桐，家门上（他的家刚对着东交民巷）贴着"望洋兴叹，与鬼为邻"的春联，以示与洋鬼子不两立之意。拳匪一出，心中大快，亲自撰一长联，赞美大师兄："创千古未有奇闻，非左非邪，攻异端而正人心，忠孝节廉，只此精神未泯；为斯世少留佳话，一惊一喜，仗神威以寒夷胆，农工商贾，于今怨愤能消。"他满以为大师兄真可以替他出尽心头恶气了。殊不知老祖无灵，塘沽不守，数十万义民，带着引魂幡、混天大旗、雷火扇、阴阳瓶一干法宝，连东交民巷都攻不进去，联军进京，车驾西走，一天雷雨，化作彩虹了！

不久，南边的雨脚也落了下来，丙午（光绪三十二年）有萍浏之役、钦廉防城之役、镇南关之役；戊申（光绪三十四年）有河口之役，这些革命行动，间接、直接都和同盟会有点关系。惟安庆之役，由徐锡麟主动，和同盟会事前并无联络。徐锡麟，浙江人，以候补道为安徽巡抚恩铭所赏识，擢任巡警处会办，兼任巡警学堂堂长；他暗中计划进行准备夺取安徽。以事机不密，党人被捕，只得提前发动，仅枪杀恩铭一人，徐亦被捕殉难。其时，同盟会方面，也屡次失败；但党人精神不懈，屡仆屡起。有些党人，愤革命之不成，想用暗杀的手段来收速效。黄复生、汪精卫北上行刺摄政王，即是动人听闻的壮举。其被逮口占五绝："慷慨歌燕市，从容作楚囚。引刀成一快，不负少年头！"那一时期，汪也算是一代的豪杰呢！

一〇 《民报》与章太炎

一九〇五年（光绪三十一年）七月，同盟会成立于东京，十月，《民报》在东京出版。第二年六月，章太炎从上海出狱，到东京主编《民报》，革命党和保皇党对垒起来了。

康梁的保皇运动，初亦颇能煽动人心；时局的情势愈坏，温和的改良主义，愈不能使人满意；大家愈希望"元宝大翻身"，彻底革命一下。《民报》和《新民丛报》的笔战，即是代表温和改良派和激进革命派的争辩。梁启超和章太炎两个主帅，各逞威风，大战三百回合。

《新民丛报》那一边的旗帜，上书"君主立宪"四个大字，以为政治改革不必取革命手段，种族更不必革命。梁启超作《开明专制论》，其结末二语："欲为种族革命者，宜主专制，而勿主共和；欲为政治改革者，宜以要求而不宜暴动。"大有否定革命之意。同盟会的陈天华，愤世自杀，在绝命书上高喊："满汉终不并立，欲使中国不亡，惟有一刀两断，代满洲执政柄而卵育之。"梁启超又申论"种族革命与政治革命之得失"，以为"种族革命实不可以达政治革命之目的者也。"又反其断案曰："故种族革命，吾辈所不当之为手段者也。"梁启超又说：革命要引起外国干涉，结果会闹到中国瓜分，所以暴动是万万要不得的。《民报》这一边，就一驳革命可以召瓜分说，再驳革命可以召内乱说，谓"暴动乃历史上酝酿而成，无待乎鼓吹，唤醒国民，为吾人之天职"。两方针锋相对，你来我往，煞是好看！

　　《新民丛报》时代的梁启超，笔锋甚健；可是《民报》方面的章太炎、汪精卫，笔锋也很健。你搬西洋法宝，我也搬西洋法宝；你请太上老君，我请如来大佛；中年人赞成梁启超，青年人崇拜章太炎、汪精卫，双方的群众，也一样的有力量。《民报》刊行了二十四期，日本政府受清廷运动，将该报封禁，《新民丛报》不久也停止发行，改出《国风报》，理论上的斗争，暂告休止。

　　《民报》这一边的口号，种族革命、政治革命、社会革命三义并出。孙中山所做的《民报》发刊词，首把民族、民权、民生三主义连贯着说；其时，同盟会会员多侧重"民族"、"民权"二义，中山则以为二十世纪不得不为民生主义之坛场，他的眼光就看远了一步。梁启超自然更不赞成社会革命，他驳斥了孙文演说中关于社会革命论的意见，又作"社会革命果为今日中国所必要乎"的反诘。又对于《民报》的土地国有论，作三方面的驳斥，以为在财政上、经济上、社会问题上，都不应该采取这一政策的。——时代变得真快，到了今天，大家已经觉得土地国有已经不够激进了呢！

宣统初年，革命种子遍布各地，同盟会就分头进行实际工作，很少做理论上的斗争了。康梁所做宪政运动，替满清开续命的方子，分道扬镳，而以辛亥革命为总结穴。形式上，革命派战胜了立宪派，事实上则宪政派和北洋派相结合，再成为革命党的政敌，乃有民初迭起的政潮。

社会舆论，开头最怕康梁，后来怕孙文（中山）。蔡元培有一位朋友，曾和他相赌："革命党若会成功，我输这颗头给你。"民国元年，那位赌头的人，和蔡先生相见。蔡先生说："从前的话，不必提了。"

那位赌头的人，回去对友人们说："险呀，今天子民问我要头呢！"种族革命，政治革命虽受社会之怀疑反对，攻击，终于登场了。孙中山所预言的"社会革命"，也及身都经历到了。

章太炎，浙江余杭人。光绪二十四年，曾应张之洞之聘，入幕府。时梁鼎芬为两湖书院院长，一日询章："闻康祖诒（有为）欲作皇帝，信乎？"章答道："只闻欲作教主，未闻欲作皇帝。其实人有帝皇思想，本不足异；惟欲作教主，则未免想入非非。"梁大骇。清末知识分子的思想分野，大抵如此。

梁启超曾赋满江红赠魏二句云："如此江山，送多少英雄去了；又尔我踏尘独漉，睨天长啸。炯炯一空余子目，便便不合时宜肚；向人间一笑醉相逢，两年少！"当时，知识分子的气分，也是如此。

一一　辛亥革命

辛亥革命，这是一个大题目。要写，无论从哪一头着墨，都可以说得很多的。我们从哪儿说起呢？我记得有一位李劼人先生，他写了三部以革命为背景的长篇小说，第一部是《死水微澜》，写庚子拳变时期的四川；第二部是《暴风雨前》，写辛亥革命的前夜；第三部是《大波》，写辛亥革命时期的四川。这场革命的大火，本来从四川成都开了头的。

最近，才正式开车的成渝铁路，乃是辛亥革命的导火线，本来，铁道国有政策，以及借外债建筑川汉铁路，这都是无可非议的。可是，五十年前的中国人，尤其是士大夫，决不这么想。他们的口号是铁路商办，路存与存，路亡与亡；让外国人来修铁路，就等于亡国。盛宣怀与英、美、德、法四国银行团签订川汉粤汉铁路借款，四川老百姓便一致反对，真正的民怨沸腾了！川粤湘鄂各省，纷纷设立保路同志会，一面由各省咨议局派代表进京请愿，一面由在京各省官吏具奏折弹劾盛宣怀，闹得如火如荼。

四川代表刘声元到了北京，直接向摄政王载沣请愿，不能见面，便在地安门外跪地拦舆递呈，被逮交步军统领衙门讯究，押解回籍；旅京川人纷纷结队哭送，那一幕剧，已经演得十分紧张。成都保路同志会，七月初一议决罢市，家家户户供奉光绪皇帝牌位，举哀号泣，这就是《大波》那小说中最精彩的一段。有一修雨伞的老工匠，天天呼吁奔走；那份朴素的爱国热情，正反映一般老百姓的真情热血。七月十五日，川人听说端方带兵入川，乃推举代表向总督赵尔丰恳求阻止端方入川，代表蒲殿俊、邓孝可、颜楷、罗伦，均被拘禁；民众集合数万人奔赴督署请求释放代表，卫兵开枪，死伤若干人！民情愈益激昂，这么一激一荡，各地革命队伍便乘机活动，造成普遍的暴动情况；保路同志会变成革命的急先锋了。

由于四川的保路，引起了端方的带兵入川，由于鄂兵入川，武汉防御空虚，乃激起了党人的活动机会；武昌八月十九日的起义，才进入辛亥革命的正幕。

辛亥那年，革命的实际行动，本来不十分顺利；孙中山和同志们说："举目前途，众有忧色；询及将来计划，莫不唏嘘太息，相视无言。"那时的困难情形，正是如此。不过，满清政权的溃烂，已经到了极点，一般民众的反政府情绪，也已十分成熟了。当时的革命种子，已经在新军中生了根，这是武昌起义一举成功的因素之一。

那次革命行动，原定于阴历八月十五日发难，就因为准备未充分，若干重要角色来不及赶到，决定延期十日发动。哪知，十八日午后，由于汉口俄租界实善里的地下机关，因为制造炸弹不慎，爆炸破露，连带被破获了许多地下机关，抄去许多革命党名册，牵连到新军的将领士兵的安全。党人乃临时变计，提早举事，八月十九日（十月十日）晚间，由工程营左队熊秉坤倡议发难，率队猛扑楚望台，占领军队局，同时起义的炮队、马队，合攻督署，鄂督瑞澂、新军统制张彪仓皇弃城出走，武昌便为革命军所有，汉阳、汉口接着也为革命军所攻占，大轴戏便这么开场了。

由于这场突然的成功，产生了一位与革命并无任何关系的政治领袖；他是忠厚老实人，有黎菩萨之称，由于士卒对他一向爱护，从床下拖出来，奉为革命军鄂军都督，（他当时任新军协统。）一夜之中，便成为革命元勋了。他当时曾写了一封信给海军提督萨镇冰，老老实实说他被迫革命的经过，颇为有趣：

> ……洪当武昌变起之时，所统各军，均已出防，空营独守，束手无策。党军驱逐瑞督出城后，即率队来洪营，合围搜索。洪换便衣匿室后，当被索执，责以大义。其时，枪炮环列，万一不从，立即身首异处，洪只得权为应允。吾师素知洪最谨厚，何敢仓猝出此。虽任事数日，未敢轻动，盖不知究竟同志者若何，团体若何，事机若何；如轻易着手，恐至不可收拾，不能为汉族雪耻，转增危殆！

武昌起义之日，黄兴尚未到达汉口，孙中山还在海外；异军苍头突起，只能算是同盟会的友军；（共进会首领，在湘为焦达丰，在鄂为孙武居正。）但革命精神的感召，还是从孙中山而来，他在那时，就成为不争的革命领袖。

八月十九日一动手，第二天湖北军政府便成立；驻汉外国领事团宣告严守中立，这就等于承认革命团体的合法地位。从那天起，到九月下旬，仅仅一个月间，宣告独立的，就有湖南、陕西、江西、山西、云南、安徽、江苏、贵州、浙江、广西、福建、广东、四川、山东等省，三分天下有其二了。这其中，长沙九江的独立，完成了武汉的外卫防线，陕西、山西迫近京畿，威胁北京的安全。而江浙联军合攻南京，替临时政府争得了第二个根据地；同时，各省的咨议局，一向主张缓进的立宪派，也都成为革命的同路人，把满清政府孤立起来了。

这一次的革命，舆论鼓吹的力量，也显得非常之大；当时宋教仁（渔父）、于右任在上海主持《民立报》，（其初为《民呼报》，被政府封闭，乃改为《民吁报》，又被封闭，乃改为《民立报》。）那些煽动性的文字，吸引力甚大。武昌起义，那些刺目大字电讯，就把各地官员吓慌，风声鹤唳，草木皆兵，满清政府，一半也就是给这些吓昏了的。若干城市，事实上的独立，都比电讯迟五天十天不等，然而，读者疯狂似的欢迎这些谣言；当时，人心的向背，关系真太大了。

那年，南昌独立时，军政府成立，公举吴介璋为都督。忽接飞函，说是孙文；黄兴在海外开会，已推举彭程万为都督；其后不久，突有一人自称孙文代表，到军政府召集会议，宣读彭程万的委任状，一座无人敢出一言，吴都督也辞职而去。彭程万也就公然做了都督了。所谓"先声夺人"，"革命"的事，就是这么儿戏，也就是这么伟大的！

一二　袁世凯

　　一部中华民国的历史，前半截可以说是北洋派的历史，后半截才是黄埔系的历史。北洋派的重心人物，无疑地该是那位洹上的袁世凯。

　　袁世凯，随着庆军（淮军一部）统帅吴长庆往朝鲜，干了几件冒险的事，那是风云际会初出茅庐的手笔。甲午战后，他得军机大臣李鸿藻和荣禄的赏识，在天津小站练新军，那是他的政治斗争最大的本钱。他在光绪与慈禧那一场大斗争中，私下和康梁新政分子相勾结，却中途出卖了新党，获得慈禧的信心，这就开始往上爬了。拳变时期，他比那些糊涂满清主子看远了一步，不让拳党在山东活动；庚子那场大事变，他顿兵不进，博得国际的声誉，这是他往上爬的第二步。李鸿章去世，他就成为唯一的继承人，以直督兼北洋大臣，这就奠定了北洋派的基础。那一时期，李鸿章心目中，就以为"环顾宇内人才，无出袁世凯右者"。但从清廷来说，曾李的时代一过去，袁世凯乃是权臣，决不会和曾李那么忠顺的了。

光绪末年，北京设立练兵处，统一全国兵权；袁的左右手：徐世昌、刘永庆、段祺瑞、王士珍操纵了练兵处的全权。树大招风，满人以良弼为首那一群新进，便布置了排袁的局面。到了光绪去世，宣统接位，袁世凯就奉谕开缺回籍养病，他只能到彰德养寿园休息去了。那一时期，要算是袁氏走霉运的时期，但从革命运动说，这正是一个间接的助力；袁氏既受满人的压迫，他的新军便起了离心作用，恰好予革命党以渗透的机会。戊申以前，革命党人那么投掷热血头颅，发动革命，都没有大成果；武昌起义，就由于新军参加行动，便立刻成功，可见满人排袁，间接却替革命党人添加了实力！

辛亥革命，恰好替洹上闲居的袁世凯，造成了风云际会、见龙在田的好机会。武昌革命的消息到了北京，满清当局便吓慌了手脚，下谕起用袁世凯为湖广总督，统率水陆各军。他就迟迟不出。一面派长子克定南下和革命党暗中有个联络，一面让徐世昌在北京抓住时机，从清廷勒索军政全权；那在狱的汪精卫，也就成为袁孙间沟通消息的桥梁了。其时，陆军大臣荫昌虽奉命向武汉进兵，而北洋部队却迟迟不奉命，诏令切责，毫无办法，便迫出下谕授袁世凯为钦差大臣，节制各军，冯国璋、段祺瑞各统一军，兵权便转到他手中去了。接着又迫出第三幕，（山西独立和张绍曾等兵谏，恰也给他以助力。）庆亲王奕劻内阁解体，清廷便任命袁世凯为内阁总理大臣，把政权也抓到手中。他这时才由彰德南下视师，稳稳当当把清廷抓在手掌玩弄着了。（冯国璋调任禁卫军总统官，禁卫军也调出北京城外，以新调拱卫军拱卫宣城；于是寡妇孤儿，就落在袁氏掌心中了。）

袁氏的南下，心里自有成竹；他是准备了和革命党妥协的本钱，牺牲满清政权来完成自己的政权的。（民党默许他做将来的总统，但民党希望他成为建立在民权上的总统，袁氏却要做大权在握的总统；这就成为和谈的障碍。）他的部队一到了汉口，便猛攻汉阳，给革命军一个下马威，迫革命党接受和议；一面便顿兵汉阳，不再进攻武昌，留革命军以讨价的本钱。袁氏乃运用外交手术，通过驻北京英公使朱尔典的关系，由驻汉英领事向双方介绍议和，清廷派唐绍仪为议和代表与革命军代表伍廷芳在上海议和，（其时，汪精卫已释放，暗中在京与袁直接接触。）这一套戏法的过门，已经布置得停停当当了。

就在一面向清廷要挟，一面向革命党敲诈的推排过程中，袁世凯是扯起了十面风帆来把自己送到最后港口去的。曾—李—袁这一线的演变，可说是中国军人心地的写照，袁氏是运用权谋成功的。

促成辛亥革命那三股力量：革命党（同盟会）的声势是浩大的，但革命的步调并不一致，孙中山无疑是众望所归的领导人，但是他那军政、训政、宪政三阶段的革命步骤，便不为党人所共同接受。革命一成功，大家都想分享革命的成果，不愿意等待下去了。散布在各省的立宪派，在当时可以说是各省咨议局的主脑人物，他们反对满清政权，和革命党是一致的；但孙中山的革命理论，并未为他们所了解，因此，对于民主政治的推行，印象也模糊得很。北洋派新军，在那时举足轻重，袁世凯运用自如，这是他的最大本钱。他看准了革命党的弱点，利用立宪派的游离心理，抓着自己的北洋派军力，骑着两头船，迫着清室让出帝位来。清室经几次御前会议，接受了优待条件退位，孙中山也就践着信约，让出临时大总统的职位；袁氏的政权既可说是受禅于清室，也可说是由革命党所奉让。总而言之，袁世凯的登场，乃是既成之局，当时国人也不十分去考虑了。

可是，南京临时政府当时公决："临时政府地点，设于南京为各省代表所议定，不能更改。"要袁世凯南来就职，要想他离去北京的帝王巢穴与腐败的旧势力相隔绝，又想用法律的力量来抑制他的野心，建立一个民权的政府。在当时，便为袁氏的阴谋所打碎了。临时政府派蔡元培、汪精卫、宋教仁、魏宸组、钮永建等八人北上欢迎袁氏南下主政。二月廿六日到了北京，袁氏特开正阳门热烈欢迎，表面上一套做法。二十九日晚间，他又由曹锟主使第三镇军队在东安门前门一带，放火行劫，发动大兵变，第二天，天津保定也同样地叛变；这么一威胁，袁氏便在中外舆情一致要求之下，留在北京了。这就完成袁世凯阴谋上的大胜利了！

一三　革命之梦

　　辛亥革命，那么轻轻易易地成功了；然而，革命是如鲁迅《好的故事》所写的：

　　　现在我所见的故事清楚起来了，美丽，幽雅，有趣而且分明。青天上面，有无数美的人和美的故事，我一一看见，一一知道。
　　　我就要凝视他们……
　　　我正要凝视他们时，骤然一惊，睁开眼，云锦也已皱蹙，凌乱，仿佛有谁掷一块大石下河水中，水波陡然起立，将整篇的影子撕成片片了。

　　这便是革命；凡是革命以前的好梦，到了这儿，都这么破碎了！
　　接在辛亥革命以后，那是一连串的黯淡日子。楚

狂老人曾经赋了一首《还我头来》的新诗：

冤魂：

口号你喊得震天价响，

标语你散得满地价飞，

你们究竟做到了那几句？

且不管你们的是是非非。

口号：

我不曾开口，谁叫你喊？

标语：

我不曾生翼，谁使我飞？

口号标语：

我们本是生成给人利用的家伙，

难道你们也是给人利用的笨蛋！

× × × × ×

冤魂：

你们不要辩白得这样起劲，

你们害死人，我们就是铁证。

叫人向左来，自己向右去。

刚刚喊打倒，又要喊拥护，

今日我们这样喊，你算革命，

明天我们这样喊，你算反动。

你们这样三反四复的无耻，

可曾知道害死了多少性命？

　　×　×　×　×　×

我们丧失了性命，难道活该？

我们要大声喊道：

"还我头来！"

就在《阿 Q 正传》里，我们就看见了假洋鬼子剪了辫子的革命，也看见了赵秀才盘辫子的革命；可是革命一到来，假洋鬼子和赵秀才联在一起，把尼姑庵先革了一通命，而且，不准阿 Q 参加革命的阵线的。这便是辛亥革命最真实的墓碑。

当革命运动开始的时期，北洋派新军和立宪派的地方力量，都是革命党的友军；满清政权，就在这三种势力的联合战线下推倒的。但当满清政权推倒之后，革命党和北洋派便对立起来了。"这三大派势力，在根本的精神上和活动的方式上，有大相差异之点，就是革命派的行动常是激进的，主动的，不计当前利害的；军阀官僚派的行动，常是固守的，被动的，对于当前的利害计较最切的；至于立宪派，其计较当前

利害与军阀官僚派略同，但不如他们的固守，也不如
革命派的激进，有时候处于被动，有时候也会自动。
高一涵尝评论这一派说：'这党宗旨在和平改革，无
论什么时代，只要容许他们活动，他们都可俯首迁
就；到了他们不能活动的时期，也可偶然加入革命
党；但是时局一定，他们仍然依附势力，托庇势力之
下以从事活动。'这是很确切的评论，因为立宪派的
精神性质上是这样，所以，自推倒满清帝制以来，中
国政治上的斗争，常常是革命派和军阀官僚派对抗的
斗争，而立宪派则处于因利乘便的地位。民国初期的
政治情势，大略如此。"（李俊农语）

　　民元革命的力量一直在分化分合中；孙中山，他
依然是革命派的领袖，但是，他的革命同志，大多数
迁就事实，愿意通过袁世凯的关系来巩固自己的政
权，连他的主要干部，如黄兴、汪精卫都有此倾向，
黄氏希望使袁世凯入国民党，成为党的中坚力量。那
位《民报》的主将章太炎，也脱离了同盟会，自组中
华民国联合会了。梁启超依然成为立宪派的领导人物，
民主党又和国民党处于对立地位了。最有趣的，国民
党、共和党、进步党三大政党的口号与政治目标，几
乎十分相近，有如今日美国的民主党与共和党呢。

"革命"从我们身边走过，老百姓才看清楚它的面貌；想不到它竟是如此的丑恶！

民国元年，孙中山北上入京，黄远庸（民初著名记者）曾访之于旅次，问及省治情形。孙氏说："五六年内，军民分治，还不容易办到。"黄氏接着便说："在此期间内，中国必无统一之望了。"孙氏又答："五六年不统一，有什么要紧？何必如此心急？美国到如今，也还没有统一呢！"事实上，不仅是不统一，而且是混乱接上了混乱，一种分崩离析的倾向。

北洋派新军的军纪本来不好，袁世凯利用军队作政治斗争的资本，几次主要的兵变，都是他暗中主使；北京首都所在，也可以那么公然放火杀人，下级干部便骄横放纵，无法无天了。各地革命部队，大部分都是乌合之众，军风纪本来很坏；临时政府北迁，若干部队，奉命遣散，携有枪械，便成为散匪。最著名的白狼之变，从豫西开头，东奔西窜，有似捻军；西至陕西，南攻湖北，东入安徽，数千里间驰骤往来，如入无人之地。所谓"官军"，比白狼的匪军还凶残，奸淫掳掠，无所不为；老百姓的生活便更痛苦了！

那时的政党人士，所谓国会议员，唯利是图，不知人间有廉耻事。那位黄远庸，曾以沉痛的文句写民元的政局，说："大略竖尽古今，横尽万国，所谓政治家者，未有如吾国今日之政客之无节操之无主张，惟是一以便宜及感情用事，推其原因所由来，不外所争在两派势力之消长，绝无与国事之张弛而已。真正平民则木然受其荼毒蹂躏，而无所控诉，则所谓政党与议会者，亦仅两派之角距冲突，并无舆论之后援。故其结果，必仍以两派势力中之最强者胜，此最强者，其力益能于政治上无所不为，特彼或将有所不为耳。"这便是由革命带来的所谓民主政治了！

湖南有一位诗人王湘绮，他看不惯这样的政局，曾赋一对联讽之：

民犹是也，国犹是也，何分南北；

总而言之，统而言之，不是东西！

一四　宋案

　　北洋派和革命党的斗争，几乎是命定的；满清政权一瓦解，袁世凯的剑尖便刺向革命党这边来了。那场斗争，由前哨战进入正面冲突，那是从"宋案"开了头的。

　　民国元年九月间，孙中山、黄兴相继入京；袁世凯热烈欢迎，以极隆重仪式相款待，表面上空气非常融洽。假使新旧两势力果然这么融洽合作，未始不是国家民族的幸福，孙中山气度很大，临时政府北迁了，他就想率领党中同志为纯粹在野党，从事扩张教育，振兴实业，立国家的百年大计，把政权完全让给袁氏。可是党中同志，没有这么远大的眼光，国民党不甘于做纯粹的在野党的。孙氏北上和袁氏面谈时，依然谈到这一打算，他表示愿意率领党员从事社会事业，建设二十万里铁路；一般人却又笑他是吹大炮，说空话。

那时，国民党方面，有魄力而又有政治欲望的另一领袖，宋教仁；他也是主张新旧势力合作的。不过，他所谓合作，乃是由袁氏做总统，而实权放在责任（政党）内阁上，这在民主政治的理论是最正确的；可是袁氏是一个政治欲更强，领袖欲更强的人，他肯安于虚君式的总统吗？这么一来，他就把宋教仁看作真正的政敌。（其时，连袁氏的旧友唐绍仪也因为推行责任内阁制，被袁氏所排除了呢！）

还有那位天真的黄兴，他是主张化北洋军人及旧官僚为国民党的，（他要用化男为女的玄想去化旧为新。）表面上赵秉钧的内阁，几乎是清一色的国民党内阁，事实上，只是袁世凯的御用内阁；形式上的内阁制，却是实际上的总统制了。

那个情势下的国会，参众议院，国民党以三九二席的多数占了优势，宋教仁拼命造党，在宪法轨道以内和袁氏去斗争，隐然是一个不可侮的势力。他的锋芒，他的在政治上稳固的根据，这才使袁世凯芒刺在背，不能安居。于是宋案便在意想之中产生了。

民国二年三月二十日，午后十时，宋教仁在北站待车北上，就在此时被刺，身受重伤，延至二十二日逝世。于是国民党与北洋派，不再能合作了。

宋案的动机是很简单的，袁世凯要打击国民党的在国会中的力量，擒贼先擒王，要把宋教仁这位热心于政党内党的领袖铲除掉。（三月十三日，应桂馨写给洪述祖信中说，"民立记遁初，即宋教仁在宁之演说词，读之即知其近来之势力及趋向所在矣。事关大计，欲为釜底抽薪法，若不去宋，非特生出无穷是非，恐大局必为扰乱。"已把用意说得很明白了。）至于案情，也十分明白的，袁世凯是主谋人，由当时的国务总理赵秉钧在筹划，指挥这场暗杀事件的是洪述祖，在上海执行这一工作便是应桂馨。事发以后，在应家搜出的函电文件，有如次露骨的话：

二月一日，洪致应函中云："紧要文章已略为露面，说必有激烈举动，须于提前径电老赵，索一数目。"

二月四日洪致应函："冬电到赵处，即交兄（洪自称）手，面呈总统阅后颇色喜，说弟颇有本事，既有把握，即望进行。"

三月二十日，（宋那天晚上被刺。）应致洪电："二十四分钟所发急令已达到，请先呈报。"

三月二十一日"号电谅悉，匪魁已灭，我军无一伤亡，堪慰，望转呈。"

这些明明白白的文件，给程德全、应德闳（当时
江苏都督民政长）搜获了，那是无可抵赖的了。（这
些证据，都已公布。）当时，上海地方审判厅审理这
一案件，原告律师要求洪述祖（国务院秘书）、赵秉
钧（国务总理）到案，袁世凯当然尴尬万状。

可是，这是权力的斗争，法理、证据在权力面
前，黯然失色；袁氏已经准备着使用武力，国民党方
面，除了武力，也没有第二条可走了。那时，袁世凯
向五国银团借好了一笔二千五百万镑的大借款，军费
有着，动武的机会到来。他就老实对部下说："可告
国民党人，我现已决心；孙黄无非意在捣乱，我决不
能以受四万万人财产生命付托之重而听人捣乱者。彼
等若有能力另组政府者，我即有能力毁除之！"宋案
乃成为北洋派与国民党决裂的导火线了。

"宋案"发生，是非曲直，本来不待说的；那个
在意想之外而又在意想之中的结局，恰好证明"政
治"并不是逻辑的！既非法律所能范围，也非舆论所
能约束；因为它是连带着权力出现的，一切都是"指
鹿为马"。有一回，赫德（英人，曾任中国总税务
司。）对严几道说："海军之于人国，譬犹树之有花，
必其根干支条，坚实繁茂，而与风日水土有相得之

宜，而后花见焉，由花而实，树之年寿，亦以弥长。"其实政治也是如此，希望经过一场革命，把国家就弄好来的好梦，这一来，都醒过来了。一个在朝执政的最高当局，要运用阴谋来暗杀在野党的领袖，而舆论却又不一定同情被牺牲的在野党，宋案的反应，就有那么微妙。

从应桂馨家中搜出来的函电，证明了应桂馨雇用武士英（凶犯吴福铭）是花一大笔钱的。案既破露，上海地审厅发传票传审赵秉钧，严拿洪述祖。洪即避居青岛，赵秉钧也避嫌请假。后来政府诉之于武力，这一案也就悬搁起来了。那年冬天，应桂馨居然从上海狱中逃出，由青岛往北平，（其时，洪述祖在青岛，赵秉钧任直督，在天津。）堂而皇之进出官府了。民国三年一月十九日，应出京往天津，在车上被刺身死；这又是袁世凯的手法，他要杀桂来灭口。赵秉钧在天津，听到应某被刺消息，曾用电话向袁鸣不平，说应的下场如此，以后谁肯替总统拼命做事呢？过了几天，赵秉钧也暴病身亡了。

洪宪帝制失败后，洪述祖才受到法律制裁判处死刑。法律必须于权力失去后才发生效力，这便是对于民主政治的讽刺。洪某颇有才情，他的青岛别墅，叫观川台，在南九水，风景很好。他的儿子洪深，就以之为背景，写过一本剧本，《劫后桃花》。观川台的石壁上，刻有洪述祖的诗句："涧落已成瓴建屋，溪喧犹似蛰惊雷。"说起来，他也是一个有志之士呢！

一五　昙花一现的二次革命

　　宋案发生，那些真凭实据，证明了袁世凯的政治阴谋，但是国民党并未获得国人的支持，国人实在厌乱，同时，对于袁世凯还存着某种幻想，对于革命党有着某种心理上的厌恶。进步党人士，这时，反而站在袁世凯那一边，抓取一个党权执政的机会，因此，国会内部，就起了分化作用。即国民党议员，（若干议员，都是革命成功以后的投机分子。）也很多希望和袁氏妥协的。袁世凯既决意诉之于武力，国民党的脚步，便有些凌乱了。

　　据黄远庸当时的分析："（一）现在最激烈者，仅一孙中山，孙以反对借款，通电各国，而收效相反。（人民的心理如此。）（二）孙电致胡汉民（时为广东都督）嘱宣布独立，闻胡颇以时机未至拒之。（三）柏文蔚（时为安徽都督）之态度，有颇谓其此时但求骗钱到手，俟到手后即造反者；然以余所闻，安徽军队，除某旅长一部分外，决不附和。（四）此间所传程德全之态度，已日益明确。（五）最激烈者，人以为江西人，其实最能实行同盟会宗旨者，莫过于湖南。（六）都督中之态度最明了者，莫过于李烈钧，其派兵计划，以余所闻，已非子虚。综计孙黄二人，黄已少变，而孙已变，都督中李最强硬，其军队亦比较可恃，故现在内外咸旨目于李。"他这篇通信所分析，最近事实。

插在战祸再起的当儿，有几件小小的插曲，蒋智由发起了一个弭祸公会，主张袁世凯辞去总统之职，并无下文。汪精卫、蔡元培以名流地位发宣言，主张要求袁氏退位，另选总统以弭战祸，也给朝野人士冷笑了一阵；袁世凯的答案是确定了的，他的北洋派部队，已经分路进兵，首先打击国民党的核心，向九江进发了。

（六月九日，李烈钧免职；十四日，胡汉民免职；三十日，柏文蔚免职；国民党三督均已去位；李纯部队向九江进发，七月十二日，任李纯为九江镇守使，战事同日发生。）

七月十二日，李烈钧在湖口起兵讨袁；其后三日，黄兴入南京挟程督德全独立讨袁；其他粤、湘、闽、川、皖，各地也零零落落宣布响应，二次革命，就是这么经过几场小接触，便烟消雾歇了。这一场革命的结局，替北洋派军人铺平道路，汤芗铭督湘，段祺瑞督皖，（其后改任段芝贵、倪嗣冲。）其后又改任李纯督赣，冯国璋督苏，（原以张勋督苏，其后改任冯国璋，而以张勋为长江巡阅使。）长江流域，便完全收入北洋派军人掌握中了。

这时，有两段有趣的文献，足以说明这一场革命的性质。当革命军攻上海南市制造局时，上海市商会致函南北两军说："赣省事起，风潮骤急，商界首当其困。本日喧传南北军在制造局将有战事，商民恐慌，要求设法维持。顷间全体开会，决议上海系中国商场，既非战地，制造局系民国公共之产，无南北军争夺之必要，无论何方面先启衅端，是与人民为敌，人民即视为乱党。用特函告台端，约束麾下，勿与吾民为敌！"这便是民国以来，不断的党争内战中，老百姓的共同态度。结果，小鬼打架，病人受灾，吃苦的还是老百姓。

当时，汪精卫也在宣言中说了如次的话："一年以来，国民有一致普通之口头禅曰'非袁不可'，然同时又有一致普通之心理，曰：'非去袁不可'。何以'非袁不可'？非袁则蒙藏无由解决乎？曰否。非袁则列国无由承认乎？曰否。非袁则共和建议无由进行乎？曰否。然则何为而'非袁不可'？曰：以袁拥重兵故。袁之部下，不知有国民，只知有袁宫保，使袁宫保在，专制可，共和亦无不可；使袁宫保去，则乱且接踵而至；津京兵变，已小试其端，奈何其后蹈之；此'非袁不可'之说也。今日以前，虑其部下之有变，而苟然安之，然则今日以后，亦将虑其部下之有变，而苟然安之乎？虑其部下之有变，奉为大总统而苟焉安之，奉为皇帝而亦苟焉安之乎？此所以'非袁不可'之言者，同时亦必有'非去袁不可'之意也。"二次革命之失败，也可说是"非袁不可"的心理，战胜"非去袁不可"的心理呢！

一六　前甲寅

　　这五十年间的中国士大夫，把国家大事看得太轻松了；开头只觉得那些高鼻子绿眼睛的洋鬼子，大炮利害，兵舰利害，有了这两样法宝就行了。哪知甲午一战，大炮兵舰沉入东洋大海，全无用处；这才恍然大悟，要跟日本那样维新变法，才会变成富强之国的。（日俄战役，更证明维新变法的好处。）康梁捧出了维新方案，那时候真说得天花乱坠，够多么动人；可是戊戌小试，便碰了·鼻子的灰。丁是，大家明白非把满清的命革掉，中国既不能"立宪"，也不能"变法"的。辛亥革命，一脚把满清政权踢掉了，以为这一来，中国一定得救了，哪知，满清是倒了，官僚政府并未倒掉，袁世凯的独裁政治，比满清还黑暗得多。于是有志之士，知道非真正政治革命，建立民主政治不可。这就来了章行严（士钊）的《独立周报》和《甲寅》杂志。《甲寅》的第一篇便是"政本","为政有本,本何在,曰在有容。"何为有容,便是容忍反对党存在的议会政治,于是蒲徕士的政治学说,介绍进来了。民国三年,在那个政治气压最低的时期,《甲寅》乃成为中国思想界的明灯。

那一时期的政治气氛,我们可于黄远庸寄章士钊的信中见之。"鄙人溷迹京尘,堕落达于极地。盖世事都无可谈,即有所陈,犹之南北极人之相去,而乃互道寒暄,究其相去之度若何?此两极人皆不能自喻,故费辞耗时,甚无谓也。远本无学术,滥厕士林,虽自问生平并无表现,然而其奔随士大夫之后,雷同而附加,所作种种政谈,至今无一不为忏悔材料。愚见以为居今论政,实不知从何说起。至根本救济,远意当从提倡新文学入手。综之,当使吾辈思潮,如何与现代思潮相接触,而促其猛省。而其要须与一般人民生出交涉,此后以浅进文艺,普遍四周。史家以文艺之复兴为中世纪改革之根本,足下当能语其消息空虚之理也。"他已经看到中国的政治,走到绝路了!

章士钊这一群人的《甲寅》杂志,在民初那一时期,不仅是以代表着知识分子的反独裁的政治倾向,同时也代表着一种进步了的报章文学。

本来梁启超主编《新民丛报》时期，所为文章，既不似晚汉魏晋文，又不似桐城派文，也不似八股文，乃是这些文体的变种，另成了他所谓"新文体"。这种新文体，从旧文体解放出来，诚如他自己所说的，有几种好处：（一）平易畅达，时杂以俚语韵语及外国语法，纵笔所至不检束。（二）条理明晰。（三）笔端常带情感，具有使读者特别感动的魔力。这便是严几道所讽刺的报章文学。（严氏云："任公笔原自畅达，其甲午以后，于报章文字成绩为多，一纸风行，海内观听为之一耸。当上海时务报之初出也，后尝寓书戒之，劝其无易由言，致成他日之悔。闻当日得书，颇为意动。而转念乃云吾将凭随时之良知行之，由是所言，皆偏宕之谈，惊奇可喜之论。至学识稍增，自知过当，则曰吾不惜与自己前言宣战。然而革命暗杀，破坏诸主张，并不为悔艾者留余地也。"）

到了章士钊的《甲寅》出来，报章文学才进入文辞雅洁理路周密的新境。章氏自谓行文主洁，故言期有物，而不枝蔓。他立论调和，故理尚执中，而不偏激。他移用远西词令，隐为控纵，世人称之为逻辑文学。逻辑文学，究竟是怎样一种文体？他自言："凡

式之未慊于意者，勿著于篇，凡字未明其用者，勿厕
于句。力戒模糊，鞭辟入里，洞然有见于文境意境，
是一是二。如观游涧之鱼，一清见底；如审当檐之
蛛，丝络分明；庶乎近之。愚有志乎是，宁云已逮；
然文中不著不了之语，命意遣词，所定腕下必守之律
令，不轻滑过；率尔见质，意在而口不能言其故者甚
罕。"就报章文体说，章氏的文字，比梁启超的进了
一步了。

一七　新华春梦

　　《新华春梦记》，乃是一部以洪宪皇帝为主题的章回小说，洪宪皇帝于民国五年一月一日登极，六月六日身死，新华宫一场春梦，结束了袁世凯的独裁政治。

　　袁世凯一直就想家天下，过皇帝的瘾的；辛亥革命之际，他和伦敦《泰晤士报》驻北京记者莫礼逊说："余深信中国国民中，有十分之七乃是守旧分子，进步一派，最多不过十分之三；现在推倒了清帝，将来守旧党，依旧会起来恢复帝制的。"这是他们那一群人的说法。后来，他所借用的那位政治顾问古德诺，F. J. Goodnow 所发表的对于中国政体的意见，说是考察中国之历史、政治、民情，依据南美共和国的经验，中国宜于民主政体。有了高鼻子的政治学家张胆，帝制论与筹安会便大吹大擂上场了。

本来，袁氏自从民国三年五月，颁布了新约法，他是终身制的独裁元首，而且（总统任期十年，连任无限制；改选之年，参政院认为政治上有必要时，得为现任总统连任之议决，即无须改选。）现任总统推荐总统继任人，（被推荐人之姓名，藏之金匮石室。）也有袁氏世袭总统之可能。大权独揽，比任何独裁元首，或皇帝都威风得多。然而袁氏是不甘于以总统终其身，急急爬到炉火上去的了。民国二三年间，北京已经流行"共和不适于国体，为了救亡，非恢复帝制不可"的传说，这些传说，都是袁克定暗中播散出来的；他这位未来的太子，在当时最热心于这场做皇帝的买卖的。

民国四年春天，袁克定邀请梁启超吃饭，梁氏以外，杨度便是主要的陪客。席间，袁、杨二人，把共和政体批评得体无完肤，言下表示非改变国体不可；他们两人，显然希望能够获得梁氏的支持。而且，梁氏本来是君主立宪论派，他们以为可以引为同志的。梁氏当时列举内部及外交上的危险情形，劝他们悬崖勒马；彼此之间，便是"话不投机半句多"了。

陶菊隐作《六君子传》，重心放在杨度（皙子）身上，这是不错的；所谓筹安会六君子，实实在在只有杨度一个人，洪宪帝政，便是他跟袁太子克定两个人唱出来的双簧。李剑农分析所谓筹安会六君子，孙毓筠、胡瑛、李燮和三人是以革命元勋被借重的，刘师培也是以国学大师被借重的，严复则以学贯中西的学者被借重的；据严氏与友人书，便说他的列名筹安会，实乃被杨度所强奸。他说："我虽主张君主立宪，可是应该推戴谁做皇帝，实在是个难题。"他并不赞成袁世凯做皇帝的。所以六分之五的君子，都是陪客，所谓装点场面的配角是也。

　　杨度，他是很有才气的人，光绪年间，经济特科所拔选的才士；戊戌政变以后，他和激进的革命领袖黄兴、陈天华往来甚密；后来又心意动摇，由革命党变成了君宪党，和梁启超步调一致的，预备立宪时期，参加宪政编查馆工作，成为袁世凯的亲信；辛亥革命初期，他便以袁世凯私人代表地位，和革命领袖汪精卫作幕后接触，因此他所主持的国事匡济会，也成为袁氏幕后的主要机构了。

　　民国初年，杨氏看准了袁氏的心理，乃发表他的君宪救国论，（他说："共和决不能立宪，惟君主始能立宪，与其行共和而专制，不若立宪而君主。"）他和袁克定唱过一本双簧，其意非常明显；他是不甘寂寰，要想做洪宪皇帝的第一任内阁总理，完成他的一人之下万人之上的梦想的。

杨记筹安会的上场，轻松而简便。原定八月二十一日开成立大会，十九日却先通告成立了，说是本会工作甚忙，不待大会先行成立，推杨度为理事长，孙毓筠为副理事长，严、刘、李、胡为理事，于是那位外国顾问的君宪论和入会愿纸及投票纸，一并寄发。而且因为会员太多，会场不易找到，一律用投票议决，"请于表决票上，填写'君宪'或'共和'二字，本会即据票数多少以为议决标准。"于是，这么重大的国体问题，就在这么儿戏戏法中出现了。中国的民意，一直就是这么轻而易举地给当政的强奸了去的。

杨记筹安会以神奇、迅速、微妙的手腕，完成了国民公意的请愿戏法。据当时北京当局发给各地当局的电文说："国体投票开票后，当即行推戴，无须再用投票手续，即由公等演说应推戴袁世凯为大皇帝；如赞成，应起立；表决后，即将拟定之国民推戴书，交请各代表署名。事毕，再由公等演说，推戴及催促大皇帝即位之事，可用国民代表名义，委托代行立法院为总代表，即将预拟之国民代表致代行立法院电稿，交请各代表赞成。至推戴文内必须叙入字样，已将原电奉达，此四十五字，万勿更改。"戏法一拆穿，就是这么一点玩意儿；以中国区域之大，不到两个月，居然全体选举完毕，全国一九九三票，票票主张君宪，无一票表示反对，而且每一票上，都写着："谨以国民公意恭戴今大总统袁世凯为中华帝国皇帝，并以国家最上完全主权奉之于皇帝，承天建极，传之万世！"四十五个大字，没有一笔不同。有人说，袁世凯的手法，比法国的拿破仑一世三世，都高明得多了。

中国的民意，自来听任执政者捏造，方圆任意。梁启超对这幕戏法，曾加考语："自国体问题发生以来，所谓讨论者，皆袁氏自讨自论；所谓赞成者，皆袁氏自赞自成；所谓请愿者，皆袁氏自请自愿；所谓表决者，皆袁氏自表自决；所谓推戴者，皆袁氏自推自戴。右手挟利刃，左手持金钱，啸聚国中最下贱无耻之少数人，如演傀儡戏者然；由一人在幕内牵线，而其左右十数嬖人，蠕蠕而动；此十数嬖人者复牵第二线，而各省长官乃至参政院蠕蠕而动；彼长官等复牵第三线，而千数百不识廉耻之辈，冒称国民代表蠕蠕而动。"这本傀儡戏，就是这么上演了。曹丕做了皇帝，他恍然有悟，说："舜禹之事，吾知之矣！"反正四万万个阿斗，在他心目中，如此而已。

　　然而，好梦由来最易醒，"一手可以掩尽天下耳目！"可是天听自我民听，老百姓也不是这么容易欺负的；袁世凯毕竟做了皇帝，便一跤摔死了的呢！

一八　异哉所谓国体问题

反洪宪帝政的护国战役，梁启超和蔡锷都是主要人物；梁氏的《国体战争躬历谈》、《从军日记》、《护国之役回顾谈》，都是第一等直接史料。

民国三年年底，袁氏的皇帝欲已经很显露了；梁氏便把自己的家从北京移到天津去，作抽身的准备。第三年五月间，他从广东北归，路经南京，正值冯国璋做江苏将军，他对梁氏说到袁氏要做皇帝的事，便相约同车入京，想对袁氏进些忠告。哪知他们还没开口，袁氏已先自说了，而且说得十分痛切，表示他自己决无此种心意，也就罢了。哪知冯氏回南京，梁氏到了天津，不久，筹安会便闹起来了。

筹安会出现后的第七天，梁启超那篇有名的《异哉所谓国体问题》便写出来了。据梁氏自述："其时亦不敢望此文之发生效力，不过因举国正气销亡，对于此大事无一人敢发正论，则人心将死尽，故不顾利害死生，为全国人代宣其心中所欲言之隐耳。"这篇文章尚未发印，袁氏已有所闻，托人致意，叫他不要印行。有一天，袁氏打发人送了十万块钱一张票子和几件礼物，说是送梁老太爷的寿礼，梁氏婉辞谢却，把十万块钱退还。别的礼物收了两件，同时把那篇未印成的稿子给来人看，请他告诉袁氏采纳他的忠告，那人便垂头丧气地去了。后来，袁氏又派人跟梁氏说："君亡命已十余年，这种味儿，也吃够了吧！何必再自寻烦恼！"梁氏笑谢之。接着梁氏便南来着手反帝制的军事行动了！

戊戌政变时，袁氏原是康梁的大敌，新政所以失败，就因为袁氏被慈禧所收买，出卖了光绪的帝权的原故。可是，民初在国民党与袁世凯的斗争中，梁氏反而成为袁氏的羽翼；后来，袁氏大权独揽，又把进步党冷在一边。帝政之后，梁启超的进步党，才和袁氏对立，又和国民党站在一起了。

"反帝制"的行动中，插上了戏剧性的蔡锷（松坡）从北京出走的故事，格外来得生色些。蔡将军，民三辞去了云南都督，和梁启超、汤觉顿一同在北京；梁揽政治，汤弄财政，蔡研究军事，这是他们进步党志士的伟大抱负。他们想在袁世凯的中央集权情势下，实现他们的政治经纶。袁氏要做皇帝，他们决意保护共和，蔡将军便非出走不可；因为他的政治军事资本，都在西南云贵角上，不从北京脱走，远水救不得近火的。可是，梁启超的反帝制问题文字一发表，蔡将军的行动，就受了限制了。

那时，蔡将军在北京，便联合好些军官作赞成帝制的表示，他在北京，逢人就说梁启超是书呆子，不识时务，而他却是一个识时务的英雄。袁的左右，问他为什么不劝劝梁某，叫他早日回头？他说："书呆子自有傻劲，劝不醒的；不过书呆子没有用的，秀才作反，三年不成，放心好了！"可是，袁氏是不会轻易放过他的，蔡将军的北京寓所，便碰上了离奇的盗劫案。他就装作打牌吃花酒，过极腐败的生活，那么混了好几个月。直到袁氏的监视，渐渐松懈了，他便于十二月二日，从北京到了天津，搭船到日本长崎，一溜烟到云南去了。蔡将军出走了十天，梁启超也悄悄地搭船往大连，再由大连转上海；这幕大轴戏便上演了。

梁氏南行，在上海便和国民党若干人士有实际联络。环龙路之会，便是章士钊从中拉拢；国民党和进步党的切实合作，乃是反帝制所以成功的主因之一。一方面，也可以看出进步党人士的普遍觉悟。当时，梁氏致信进步党人士，说："吾党夙昔持论，厌畏破坏，常欲维持现状，以图休养。今以四年来试验之结果，此现状多维持一日，则元气斲丧一日。吾辈掷此聪明才力，助人养痈，于心何安，于义何取。使长此无破坏，犹可言也，此人则既耄矣，路易十五所谓朕死之后，洪水其来，鼎沸之局，既无可逃，所争者早著已耳。"在梁氏的一生，这一回是最坚决的一回。

梁启超的笔锋是有魔力的，不独他的"异哉所谓国体问题"一文，足以寒袁世凯之胆，连他的《从军日记》，也足以鼓舞百年后的读者。

云南起义的打算，原由梁、蔡和戴戡三人在北京密议决定。云南决于袁氏下令称帝后即独立；贵州则接在一月后响应，广西则迟两个月发动；于是以云贵之力下四川，以广西之力下广东，约三四个月后可以会师武汉。后来，蔡锷主持云南军事行动，梁氏则经越南往广西，策动两广的军务，西南半壁，就在这样的计划下站稳脚跟来的。

梁氏到上海后，他的行动，便引起了多方面的注意；他们和国民党间采取联络行动，一方面和南京的冯国璋也取得了某限度的默契。同时，他们获得日本政府当局事实上的支持，其能绕道安南，由海防入镇南关，沿途"各种各色人，咸动于其政府默示指挥之下，如身使臂，臂使指，条理井然，而乐于趋功，无倦容，无强态。"可见日本当局对中国局势的关心。

西南局势一变动，袁世凯的情势，就一天一天坏下去；云贵向四川进兵，虽不如预想那么顺利，但袁氏派兵入川，也同样的不顺利。他相信杨度的话，以为北洋诸将惟欲攀龙附凤，求子孙富贵，哪知诸将并不想把黄袍加向袁皇帝的身上。首先段祺瑞就表示不合作，筹安会成立，段氏便被免去陆军总长职务。冯国璋在南京，首鼠两端，北洋派内部便开始破裂了。

日暮穷途，袁氏就在四面楚歌中，自动取消了帝制，却也改变不了恶化的趋向。他这才尝到了迫人与被迫的滋味，夜不成寐，突然于六月六日死去；这一场梦，也就这么不了了之了。

一九 "五四"的前夜

　　反帝制的运动中，进步党系处于领导的地位；蔡锷在滇黔已经有了根基；陆荣廷招梁氏入桂，进步党才向粤桂分头发展；戴戡入川，也准备在川培植一点根基。在北洋派军人中，梁氏和冯国璋有密切关系，蔡锷有重建北洋派的雄图，也准备和段祺瑞携手。民五的进步党，可说是得道行其志之时；（最初，进步党只想造成南北均势，袁氏既死，便准备联段来统一中国。）无奈命不由人，蔡将军积劳过度，病殁东京。后来戴戡在川乱中被杀，梁氏原想利用北洋军阀的实力结果又为段祺瑞所玩弄，陷于民二的覆辙；进步党的政治希图，至此完全失败。

　　民七以后，梁氏和他所领导的研究系，才觉悟和军阀合作之不可能；同时，知道中国的改革，必须是有进一步的改革，并非专谈军事、政治革命所能奏效。梁启超在《大中华》上的创刊词中，即表明这一份觉心。他们着眼在文化运动，北京的《晨报》、上海的《时事新报》，《晨报》的副刊和《时事新报·学灯》，乃成为文化运动的营垒之一。梁氏抛开政治生活，欧游归来，便和丁文江、蒋方震、张君劢、张东荪努力学术研究及社会文化运动，这便开出今日社会民主党的先河。

梁氏一生都跟着时代在前进，虽不曾跑在时代的前面，却也不落在时代的后面。他从欧洲回来，有感于欧洲的文艺复兴运动，也想掮出这面大旗在中国争取领导的地位；可是，他是不主张积极行动的，这领导地位，也就给国民党抓去了。到了晚年，梁氏倒成为纯粹的史学家了。当时，李大钊曾做了一篇描写大家庭生活的小说，这一家有三位少爷同爱着一位侍女，大少爷吃喝嫖赌，无所不为，二少爷是个安分守己的人，想改造家庭而缺少勇气，只有三少爷想脱离家庭实行革命。侍女对大少爷早已厌恶，对二少爷虽有意而嫌其不中用，最后跟着三少爷跑了。他所说的二少爷，即是梁启超。

民国四年，黄远庸去国以前，写信给章士钊，说："居今论政，不知从何处说起；至根本救济，远意当从提倡新文学入手。"他们这一群人，已经看穿了政治的把戏，不仅厌倦，而且绝望了。他正暗示着一个新文学运动的到来。（黄氏到了美国，以误会被刺身亡，已不及见新文学运动了。）

　　就在那时，远在海外，有几个青年留学生（任鸿隽、梅光迪、杨铨、唐钺和胡适）在绮色佳过夏时常在讨论中国文学的问题。讨论中梅光迪最守旧，绝对不承认中国古文是半死或全死的文字。胡适最激进，提出文学革命的口号，有诗云："梅生梅生毋自鄙，神州文学久枯萎，百年未有健者起。新潮之来不可止，文学革命其时矣！吾辈势不容坐视！"胡适的具体主张，就是要作诗如作文，他认定了中国诗史上的趋势，由唐诗变到宋诗，无甚玄妙，只是作诗更近于作文，更近于说话。到了第二年（一九一六年）胡适和梅光迪之间的辩论，非常激烈；胡适以辩论而起了更进一步的觉悟："一部中国文学史只是一部文学形式（工具）新陈代谢的历史，只是活文学随时起来替代了死文学的历史。文学的生命，全靠能用一时代的活工具来表现一个时代的情感与思想；这就是文学革命。"当时的梅光迪，大概为胡适所说服了，也赞成胡适的主张了。那时，胡适更坚定了自己的主张，写

《沁园春》那首誓词：

> 更不伤春，更不悲秋，以此誓诗。
> 文学革命何疑！
> 且准备塞旗作健儿。
> 要前空千古，下开百世，收他臭腐，还我神奇！
> 为大中华，造新文学，此业吾曹欲让谁！
> 诗材料，有簇新世界，供我驱驰！

这是大时代的气息！

从民五到民八，北洋派内部分裂所引起的国内危机，与日本军阀的大陆政策所显露的侵略野心，我们中国国运已进入最黑暗的阶段。胡适从海外归国之际，有人说：你去国这么久，中国已经变得使你不认识了。他慨然道："中国老是进三步退二步的；她只怕你不认识，一定在走回头路在等着我们呢！"果然，他到了上海，正当南北军阀大杀伐大动乱之际，到处都是一团糟呢！

不过，《新青年》已经于一九一六年春间出版了，这是社会大变动的风信旗。二卷一期，有一篇题名为《青春》的文字，他说："青年之自觉，一在冲决过去历史之网罗，破坏陈旧学说之图圄，勿令僵尸枯骨，束缚现在活泼之我；进而纵现在青春之我，扑杀过去青春之我，促今日青春之我，禅让旧日青春之我。"思想革命的意向，已经显露出来了。其明年一月，胡适就在《新青年》发表了《文学改良刍议》，有名的"八不主义"便是那篇文学的骨干。接着，陈独秀便发表了《文学革命论》，坚决地说：

> 余甘冒全国学究之敌，高张文学革命军大旗，以为吾友胡适之声援：
> 旗上大书特书吾革命军三大主义：
> 曰，推倒雕琢的、阿谀的贵族文学，建设平易的、抒情的国民文学；
> 曰，推倒陈腐的、铺张的古典文学，建设新鲜的、立诚的写实文学；
> 曰，推倒迂晦的、艰涩的山林文学，建设明了的、通俗的社会文学。

"文学革命"以喧闹的脚步进入中国文化界；它代表了一般文化人的普通觉悟，想从社会根柢最深处着手革命的工夫了。

二〇　五四运动

　　差不多有了千百篇文字，写到了"五四运动"；每一本中国现代史，留着很多的篇幅在记载"五四运动"。照那事件的发展，可说是很简单的：第一次世界大战以后，日本在东方站起来了，它要独霸亚东，争取领导权；它要宰割中国，完成他们的大陆政策。它知道列强都给战争拖得疲乏了，它要各国在巴黎和会中承认他们手中抓到的赃物。中国的和会代表力争无效，连主持正义的威尔逊都噤口无言。北京政府当局，显然准备屈服；于是以北京大学为中心的"五四"大游行，野火烧起来了！那些热血满胸、怒情奋生的学生，那天打了曹、陆、章三个亲日的外交当局，烧了赵家楼。这是一场社会运动，这是一件政治的民众运动，这是民众表示自己的意向的行动。

　　然而，五四运动并不仅是政治性的；它的重大意义，却在文化方面；这是最伟大的文化运动，又是新文学运动的开场，这是现代中国的记程碑，由此进入了新的时代。笔者记得五月二日（民国七年）的下午，杜威博士到了杭州，准备五月五日开始公开的学术讲演，由蒋梦麟博士担任翻译；五四事件发生，蒋博士连夜动身北返，乃由郑晓沧博士代任翻译。从那以后，差不多有一年的长时期，青年学生都在游行示威，罢课罢教，讲演宣传，贴标语，喊口号中过活。

　　白话文起来了，妇女问题、家庭问题、男女同学问题，也都讨论得十分热闹了。学生治校的倾向，成立了学生自治会，道尔顿制代替了注入式的教学法。这时候，流行了两个剧本，一个是易卜生的《傀儡家庭》（《娜拉》），一个是胡适的《家庭问题》；娜拉的出走，成为新典型的英雄，而一个反抗旧家庭的李超，也在胡适笔下成为新时代的女性。《新青年》杂志也就成为青年的新圣经了。

　　说到"五四运动"，就必然连带想到《新青年》；陈独秀和胡适，无疑成为文化导师，洪水猛兽的象征人物。其他如钱玄同、刘半农、鲁迅、周作人都是

《新青年》那一战线中的战将。鲁迅说起那时的《新青年》，每出一期就开一次编辑会，商定下一期的稿件。"其时最惹我注意的是陈独秀和胡适之。假如将韬略比作一间仓库罢。独秀先生的是外面竖一面大旗，大书道：'内皆武器，来者小心！'但那门却开着的，里面有几枝枪，几把刀，一目了然，用不着提防。适之先生的是紧紧的关前门，门上粘一条小纸条道：'内无武器，请勿疑虑。'这自然可说是真的，但有些人有时总不免要侧着头想一想。"这就是新文化运动两位主将不同的风格。

当时，一个象征的守旧派的人物，那是王敬轩；这人是刘复（半农）造出来的；但他那封写给《新青年》记者的信，却代表一切守旧派的共同意向。（那封驳王敬轩的复信，出于钱玄同之笔，也是痛快淋漓。）真正代表守旧派来攻击《新青年》的文化革命、文学革命的，那是林琴南；他的信是写给蔡孑民（北大校长蔡元培）的。他攻击"过激之论"，认为救世之道，必度人所能行；补偏之言，必使人以可信，若尽反常轨，不中其度，则未有不弊者。他说《新青年》派叛亲蔑伦，即是"废孔"、"非孝"。（后来加上"公妻"，"共产"为四大罪状。）

他尤其反对白话文,"若尽废古书,行用土话为文字,则都下引车卖浆之徒,所操之语,按之皆有文法,据此,则凡京津之稗贩,均可用为教授矣。"凡是新旧之战,新者常胜,旧者必败,林琴南虽说提了丈八矛枪出来大杀一阵,却经不得几回合,便偃旗息鼓而走了。

在文学革命的营垒,树起了"国语的文学,文学的国语"的大旗,大踏步进入中国的文坛;白话文毕竟取"古文"的地位而代之了。《红楼梦》、《水浒》、《儒林外史》、《三国演义》也就驾桐城文而上,公然进到课室中来了。

"五四运动",由于政治的外交的波澜,乃影响及于文化、文学,这可说是"秀才造反"的本色。可是,由于文化、文学的革命,影响及于政治、社会的革命,现代的"秀才造反",那真不平凡的了。

"五四"以迄国民党改组、中国共产党产生、国家主义派组成这一段时期中,中国有过一个与政治有密切关系的青年团体,便是少年中国学会。据左舜生的追忆:曾琦、王光祈、陈愚生、张梦九、周太玄、李大钊和左先生自己乃是发起的人,后来吸收了东南、金陵及河海工程等大学的优秀青年,先后增加到一〇八人。"少中"的宗旨很简单,"本科学的精神,为社会的活动,以创造少年中国"。他们的信条是"奋斗,实践,坚忍,俭朴"八个大字。到了民国十三年间,他们为了政治观点,引起了激烈的争辩,经过了一年多的辩论,终于"少中"瓦解,会员各行其是,正是后来左右分歧的开头。当时会员中,如恽代英、李大钊、邓中夏、毛泽东、刘仁静、张闻天、沈泽民、黄日葵、侯绍裘、杨贤江,向左转,成为共产党的主将。曾琦、李璜、张梦九、何鲁之、左舜生、余家菊、陈启天、刘慕英,向右转,先是国家主义派,后来变成青年党的主角了。他们分裂时,邓中夏在门外和左舜生握手道:"好,舜生,我们以后在疆场相见吧!"我们想不到他们这一团体的分裂,也就是中国的分裂了呢!

就在那个时期,向右的研究系,以梁启超为首,和向左的国民党,以孙中山为首,争取文化与社会运动的领导权。研究系在北京办了《北京晨报》,在上海办了《时事新报》,晨报副刊和《时事新报》"学灯"领导着新文学运动。国民党在北京办了《京报》,在上海办了《民国日报》,《京报》副刊和《民国日报》"觉悟",也同样争取新文学运动的领导权。有一时期,"学灯"和"觉悟",就代替了《新青年》的地位,等到国民党改组,决定了"容共"、"联俄"的政策,中国的史页,又重新写过一回了!

二一　从洋鬼子到洋大人

　　近三百年间，欧美人之在中国，经历了三个时期："洋鬼子"—"洋大人"—"帝国主义者"；第一个时期最长，足足有了二百年，跟着十九世纪一同终结。(一九〇〇年，义和团事件发生，第二年便是《辛丑和约》产生。) 这一笔糊涂账，也是无从算起的了。

　　本来中华民族，并不是不曾见过世面的；魏晋间，南洋群岛的土人，已经到了扬州、南京一带经商；隋唐间，由中亚细亚过来的景教、拜火教教徒，也在长安立寺传教；而唐宋两代的波斯胡，航海而来，在交州、广州、明州（今宁波）、泉州一带正式设肆经商，有的就在中国成家立业；黄巢在广州杀了十万胡人的传说虽不尽可信（见于《马可波罗游记》），但交、广一带，以波斯为中介，和西方发生密

切的商业关系，那是最可信的事实。元朝以后，东西
的陆上交通，已经畅通无阻；新疆为古代印度、波
斯、希腊往来交通之要冲。商人多自新疆西南而行，
到了波斯复西行，入于小亚细亚，然后往欧洲去。水
路则自欧洲放洋，出地中海，到了埃及，再换船渡红
海、阿剌伯海，直达印度，船复东行，过马剌甲海
峡，东来安南商港（交州），再东行至广州。（笔者再
三提请读者注意，我们缺少一部完整的中亚细亚为中
心的世界史，所以若干概念都很模糊。）

　　（十五世纪中，欧亚二洲间的主要商路，有中、
南、北三线。〔甲〕中路系利用底格里斯〔Tigris〕
河流域。凡中国、香料群岛、印度所产的货物，由土
人用小船辗转运送，船海岸以达波斯湾口，由此转至
底格里斯河口，更溯河以至巴格达〔Bagdad〕。其后
又由队商运至地中海东北隅之亚勒波〔Aleppo〕与安
提阿〔Antioch〕，或者经过沙漠，通往大马士革
〔Damscus〕及叙里亚沿岸各埠，有时更由队商绕道而
南，通往埃及之开罗与亚历山大城。〔乙〕南路则经
红海。阿剌伯人的船舶，每由印度与远东运货渡印度
洋而往红海，转由队商自红海运至开罗与亚历山大
城。船舶趁得上贸易风的话，由印度航往埃及，需时

不过三月。〔丙〕北路，乃由印度与中国之后门以通往黑海之多数路径。由印度与中国运货的队商，均聚集于撒玛尔坎〔Samarkand〕与布哈拉〔Bokhara〕，那两个天山西麓的名城；自布哈拉而西，或往里海之北，经俄境而抵波罗的海，或经窝瓦河口而往亚速夫海〔Ka of Azov〕各埠。其他或绕里海沿岸，经他布里仔〔Tabriz〕与亚美尼亚而往黑海海岸之脱勃必宗〔Trebizona〕，那时意大利人操纵了这一线的商业。）

当欧洲的商业中心，集中在地中海沿岸，由意大利人、埃及人在操纵；欧亚的陆中交通，由波斯人、阿剌伯人来经营的时期，先后一千多年，也算不得短；东来的欧洲人，十三四世纪已经不少，马可波罗便是最著名的一个，那一时期，高鼻子、碧眼珠的朋友，也并不算是怪物。近几十年地下所掘出来的唐代土俑，有的如非洲黑人，有的如欧洲人，有的如印度人，可见那时人所见的西方人，已经很多，并不曾产生"洋鬼子"这一观念。到了十六世纪初，葡萄牙人东来了，接着西班牙、意大利、比利时、法兰西人也到中国来了。利玛窦、庞迪我、汤若望这一群人所带来的基督教义以及天文、地理、算学、兵器的西洋知识，颇受朝野的欢迎；明末清初，他们都曾在北京参与修正历法、制造天文仪器、实测地图的工作，也并未变成了诅咒的对象。

"洋鬼子"这一显明的概念，倒是十八世纪以后的产物，一直弥漫了两个世纪，以义和团的口号与行动为最具体。他们相信高鼻子、碧眼珠的洋人，是吃人血的，用人的"心"熬了油浇成了洋烛，那就可以开矿了，（人心爱财，地下有财宝处，烛光必向下歪斜着。）把人的眼睛挖下来，像咸菜般窖起来，那就可以通电报，拍照相了。他们想象"洋鬼子"是羊转世的，一身羊腥气；只要我们多杀一些羊，洋人就会死绝了。洋人的腿是直的，跪不下来的；眼珠是绿的，白日看不见东西；洋人的炮火是利害的，可是最怕月经带、马桶刷之类，这些话，并非是海外奇谈，而是见之于清廷大员的奏牍，并且见之于行动的。义和团便是带着引魂幡、混天大旗、雷火扇、阴阳瓶、九连环、如意钩、火牌、飞剑八宝法物入京的，就在这样的世界观上，（即洋鬼子论。）造成了我们所身受的国际局势，迫而接受了由这局势所招致的种种后果。

那位十九世纪后期，操纵清廷政权的慈禧太后，她有一回，和臣属闲谈，说："世界上哪里会有这么多的外国？什么英吉利、法兰西、俄罗斯是有的，其余都是李鸿章造出来，骗骗我们的！什么葡萄牙、西班牙，有牙齿的葡萄，你们看见过没有？"不错，有牙齿的葡萄，是没有的；但葡萄牙却比满洲人进关还要早，早过一个世纪。她真是"洋鬼子时代"政治圈子中的"杰作"，她相信黎山老母、太上老君会把洋鬼子一脚踢出去的。

　　但是，那一大群中了魔如醉如痴似的群众，他们的说法虽是错误的，他们的想法却并不错误的。这些到东方来的高鼻子、碧眼珠的洋人，虽说和以往的洋人样儿相同，实际上并不相同。这些洋人，虽说不是用人的心肝熬油做蜡烛来照见矿藏，事实上是把我们的矿藏挖了去的。虽说不把我们的眼珠挖了窨腌来，用作发电摄影的工具；事实上是把我们的邮电、交通、内河航线抓到手中去的。虽说并不吃人血的，事实上，却吸取了我们的原料，再把制成品倾销到我们这个大市场来，榨干了我们的经济力的。他们很笼统的思维，以为使得我们穷困，生活失靠，都是由于中国的不太平，不太平都是由于洋人的欺负，修铁路，开矿山，把我们的龙脉挖断了，地藏的宝气泄漏了；所以使得我们一天穷困一天；我们要想免除这种穷困，非把一切洋人驱逐出去不可。但是看见洋人的兵舰枪炮都着实利害，于是想到《封神》、《西游》在戏台上，所表现的神通法力，必定有几分可靠的；起初由少数的奸猾者借以哄骗多数，渐至彼此互相哄骗，久而久之，大家自己哄骗自己。这便是所谓群众的心理，由生活的不安，演为借神力的排外。那便是著名的一九〇〇年的义和团事件的上演。

排洋思想，事实上也不仅仅在群众中流行，即当时的士大夫，也人同此心，心同此理。中国的士大夫，走着儒家正统派思路的，如董仲舒一流人，都带着阴阳五行的神秘色彩，和道教呼风唤雨、捉妖降魔那一套合得拢来的。清末湖南有一位博学的怪儒叶德辉，他写信与皮鹿门说："亚洲居地球之东南，中国居东南之中，无中外独无东西乎？四时之序先春夏，五行之位首东南，此中西人士所共明，非中国以人为外也。五色黄属土，土居中央，西人辨中人为黄种，是天地开辟之初，隐与中人以中位。西人笑中国自大，何不以此理晓之。"义和团的"坎字拳"、"乾字拳"等等，与这种"五行之位首东南"、"五色黄属土"思想渊源上原是一贯的。那位以汉军翰林至大学士的理学家徐桐，听到拳团到了京师，大喜道："中国自此强矣！"杀"洋鬼子"的悲喜剧，就这么开头，也就这么结束了。

士大夫群中之又一部分，就在"洋人"势力向中国侵入的漫漫长夜期中，看到了另外的一面。那位为了处理鸦片战争事件得了罪，远戍新疆的林则徐，他眼睛闪亮，看懂了中国所以失败的主要原因，在兵不精、器不良；他从西行途中，写信给他的朋友揭出这一要点，要大家不可再梦梦于精神文明可以抵抗物质文明的幻想；他的部属魏默深（《海国图志》的编译者），更懂得这个最切实的道理。（当时，澳门报纸嘲笑中国之武备，"普天之下，为至软弱极不中用之武备；及其所行为之事，亦如纸上说谎而已。其所出之论，亦皆是恐吓之语。其国中之兵，说是七十万之众，若有事之时，未必一千合用，余皆下等聚集之辈"。纸糊的老虎已经拆穿了！）这样便开出十九世纪后期，以曾国藩、李鸿章为中心的洋务运动（坚甲利兵论派），一八六三年（同治二年）四月，李氏写信给曾国藩说："外国用兵，口粮贵而人数少，至多一万人即当大敌；中国用兵多至数倍，而经年积岁，不收功效，实由于枪炮窳滥。若果能与西洋火器相埒，平中国有余，敌外国亦无不足。"又说："洋务最难措手，终无办法；惟望速平贼氛，讲求洋器。中国但有开花大炮、轮船两样，西人即可敛手。"一八六六年一连串的洋务纪录：造船，制械，筑军港，设电报局、招商局、织布局、矿务局，派选留学生赴美留学，派武弁往德国学习水陆军械技艺，这是第一步觉悟，知道我不如人，"转危为安，转弱为强之道，全由于仿习机器"。

到伦敦去当外交重任的郭嵩焘，他看得更深远一步，更透彻一点；他知道"兵者末也，各种创制皆立国之本也"。"日本在英国学习技艺者一百余人，而学兵法者绝少。……欲令出洋之官学生，改习相度煤铁炼冶诸法及兴修铁道电学以求实用"。他所指出坚甲利兵并不足以代表外国的长处，"殚千金之技以学屠龙，技成无所用之"。甲午一战，败得那么惨，就把兴洋务以来一切努力都付之东流了。这样，才开始了第二步觉悟，知道我不如人，不仅在于甲之不坚，兵之不利，而且在于政治组织的不健全。康有为、梁启超的维新运动，和孙中山、章太炎的同盟会革命运动，便代表了这第二步的觉悟，着手政治的逐步改造与彻底改革的工作。

到了辛亥革命成功以后，大家又有进一步的觉悟，知道我之不如人，也不仅由于政治组织不如人，而在于社会组织的不健全，以及建筑在这一基础上的教育、文化、艺术各方面的"落后"。这便是五四运动以后的社会文化运动，进而走上社会革命的阶段。中间插上了"全盘西化"、"局部西化"、"中国本位"的种种看法与行动，这第三步所跨的步是很大的！

这种"我不如人"的心理，把以往"民族自尊"的偏见纠正过来了，却又歪到"民族自卑"的牛角尖里去了，中国士大夫群之又一部分，喝了啤酒，吃了大菜，觉得什么都是"洋大人"的好，连着"巴掌的重量"与"天上的月亮"。这一"洋大人"的时间，从十九世纪后半期开起，有的地方，直到今天，还是继续着。

二二　大时代的脉搏

　　袁世凯死后，北洋派分崩离析；段祺瑞隐然成为一时的中心，立即引起冯国璋派的离心，直皖两派的斗争，就把北洋派分裂为两个核心。由此核心再演变下去，乃有奉直之争、奉皖之争；到了后来，曹锟系下的吴佩孚、冯玉祥也各自为政，自成为一系。西南方面，云贵与四川之争、桂粤之争，四川内部的几百次内战，演成刘湘、刘文辉的一家的战斗。至于国民党内部孙中山与陈炯明之争，国共两党之争，一直就用"内战"二字写完了中华民国的历史。

　　以南北军阀内讧为骨子，反映在政治上，乃有复辟运动、护法运动、联省自治运动；而以民国十五年的国民革命军的北伐为一阶段。串在这一段大动荡时期中，外来的势力，乃是最重要的因素，几乎每一次内战，其幕后都有着日本或其他国家的助力存在着。

而日本的侵略计划，分裂中国的阴谋，更助长了中国内部的变乱。（梁启超、蔡锷的反帝制运动，即得日本的助力；而段祺瑞的政权，即由日本军阀在支持。）一九一二年明治天皇去世，一九一四年欧战发生。日本政治家大隈重信说："优胜之国，常统治劣弱之国；鄙人深信二三百年之内，世界上将有治人之数大国，其余皆受治于各该大国，服从其权力。如英、俄、德、法，皆可为治人之国也。自今伊始，日本应预备成为治人之国。"这就开始他们的大陆政策了。

日本的大陆政策，"欲征服中国，必先征服满蒙；欲征服世界，必先征服中国"。其见之于事实，乃有"五七"的二十一条件的要求，乃有"九一八"的沈阳事变，乃有"七七"与"八一三"的全面战争；一部现代中国史，几乎可以说是抗日图存的历史呢！

梁漱溟先生，有一次在朝会中和学生们说："八十年来，中国这老社会为新环境所刺激压迫，而落于不幸的命运，民族自救运动一起再起，都一次一次的先后失败了。每一次都曾引动大家的热心渴望，都曾涨到一时的高潮；但而今这高潮都没落了，更看不见一个有力量的潮流，可以维系多数的人心，而却是到处充满了灰心、丧气、失望、绝望。"他所说的，是实话。这种失望的情绪，可以说是弥漫于一般智识分子群中。十多年前，李剑农先生（他也是《甲寅》的一分子），写了一部《近三十年来中国政治史》，最后他以沮丧语调说了类似的话。他在结论中，说了一件故事，那是他坐长江轮船往汉口所见的一件事实：长江轮船的铺位是固定的，可是每一只轮船所雇用的茶房，比铺位多得多；而且，名为是雇用，谁也没有工资可得，还得先付一笔保证金的（即按柜）。这么一来，吃亏的当然是旅客，他们尽可能在欺负客人，剥削客人，以至于无恶不作了。这是中国官僚场的缩影，所谓"人浮于事"、"人情主义"，正是官僚政治必然产生的后果。

中国自西汉以来，一直便是儒家所建立的"官僚政治"与"绅士政治"，上则皇帝，下则老百姓，政治正落在官僚与绅士手中，一切政策，一切主义，到了他们手中，立刻变了质，那是无可挽救的。民族自救运动所以终于失败，便是这个原故。吴稚晖先生有一回，论官僚的积痼不除，则温和主义派的黄芪党参汤不中用，到了结果，非让革命家来一帖巴豆大黄汤不可，这就演进入于社会革命大时代了！

我们都是卷在狂风暴雨大时代中了。

梁启超从欧洲回国，他就跟他的友生们介绍文艺复兴运动；蒋百里编《欧洲文艺复兴史》，梁氏也就说清代的三百年的经学，便是东方的文艺复兴运动。而世人谈现代启蒙运动，也拟之于文艺复兴运动。文艺复兴运动者，乃是人性的自觉运动，李鸿章所说的《三千年来未有之变局》，有如高山滚石，越滚越急，要转出一个真正的大时代来了。

梁氏曾于《清代学术概论》（原为《欧洲文艺复兴史》序文）引论中，说到时代思潮的演进。"凡时代思潮，无不由继续的群众运动而成。所谓运动者，非必有意识，有计划，有组织；不能分为谁主动谁被动。其参加运动之人员，每各不相谋，各不相知；其从事运动时所任之职役，各各不同；所采之手段亦互异，同于一运动之下，往往分无数小支派，甚且相嫉视，相排击。虽然，其中必有一种或数数种种共通观念焉，同根据之为思想之出发点；此种观念之势力，初时本甚微弱，愈运动，则愈扩大，久之，则成为一种权威，若此，今之译语，谓之流行，古之成语，则曰风气；风气者，一时的信仰也；人鲜敢撄之，亦不乐撄之，其性质几比宗教矣。一思潮播为风气，则其成热之时也。"这可以说是对于五四运动最好的注解。

（"启蒙期者，对于旧思潮初起反动之期也；旧思潮经全盛之后，如果之极熟而致烂，如血之凝固而成淤，则反动不得不起；反动者，凡以求建设新思潮也；然建设必先之以破坏，故此期之重要人物，其精力皆用于破坏，而建设盖有未遑。"所以五四运动的一连串口号，文学革命、文化革命、家庭革命、妇女革命，都是破坏方面的能事。那么，闹哄哄的场面，正是革命的场面呢！）

这场大革命的主要目标是什么呢？陈独秀就在《新青年》的两大罪状中说：一个是"赛因斯"（科学），一个是"德莫克勒西"（民主）！"欧化"的旗帜，已经很鲜明了！

什么叫做"革命"？要说得简单明了，那也不容易。俄国有一个思想家，曾经做过答案。他说："好人，坏人，不好不坏的人，死了一大堆，这就是革命。"事实上，也正是如此。"革命"，大概是免不了要流血的；昨天，送别人上断头台的人，到了明天，又被别人送上断头台去，这样的例子，史不绝书，那位法国大革命时期，一手造成大恐怖时代的罗伯斯庇尔，到了结果，他自己也被送上断头台去的。

"法国大革命"，乃是一个被诅咒与被赞颂的大课题；不过当卢梭《民约论》、孟德斯鸠《法意》在法国贵族的客厅里流转的时候，他们并没想到烧到身上来的火是烫人的；直到上断头台那一时刻，恍然大悟，已经来不及了。连那位有名的罗兰夫人，也是到上断头台去的途中，才说："自由，自由，天下之罪恶，借汝之名以行。"其中，只有一位百科全书派的大师，康道塞，也是倡导革命的先知，他是法国大革命初期的行动者，到了大恐怖时代，他也被拘囚，送上断头台去的。他在临死的前夕，遗言告国人，虽说他个人是在革命过程中牺牲了，他依旧相信社会是进步的。他是愿意如耶稣那样为人类的得救而钉上十字架去的。

《韩非子》曾经有过一个譬喻：一个痫痢的孩子，他非剃头不可了；剃头的时候，这孩子一定要哭呀叫呀，闹个不休的！难道就因为他要叫要闹，就不剃头了吗？大时代是在一般人所期待、所厌恶的当儿到来了！革命并不是一场浪漫的梦，得付出可怕的血的账的！在血的面前，我们战栗着！然而大时代毕竟拖着沉重的脚步到来了呢！